66 매일 성장하는 **초등 자기개발서** 99

ⓦ 완자

공부력

KB039492

Ⓠ 왜 공부력을 키워야 할까요?

쓰기력

정확한 의사소통의 기본기이며 논리의 바탕

연필을 잡고 종이에 쓰는 것을 괴로워한다!
맞춤법을 몰라 정확한 쓰기를 못한다!
말은 잘하지만 조리 있게 쓰는 것이 어렵다!
그래서 글쓰기의 기본 규칙을 정확히 알고
써야 공부 능력이 향상됩니다.

어휘력

교과 내용 이해와 독해력의 기본 바탕

어휘를 몰라서 수학 문제를 못 푼다!
어휘를 몰라서 사회, 과학 내용 이해가 안 된다!
어휘를 몰라서 수업 내용을 따라가기 어렵다!
그래서 교과 내용 이해의 기본 바탕을
다지기 위해 어휘 학습을 해야 합니다.

독해력

모든 교과 실력 향상의 기본 바탕

글을 읽었지만 무슨 내용인지 모른다!
글을 읽고 이해하는 데 시간이 오래 걸린다!
읽어서 이해하는 공부 방식을 거부하려고 한다!
그래서 통합적 사고력의 바탕인 독해 공부로
교과 실력 향상의 기본기를 닦아야 합니다.

계산력

초등 수학의 핵심이자 기본 바탕

계산 과정의 실수가 잦다!
계산을 하긴 하는데 시간이 오래 걸린다!
계산은 하는데 계산 개념을 정확히 모른다!
그래서 계산 개념을 익히고 속도와 정확성을
높이기 위한 훈련을 통해 계산력을 키워야 합니다.

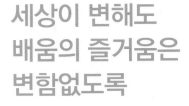

세상이 변해도
배움의 즐거움은
변함없도록

시대는 빠르게 변해도
배움의 즐거움은
변함없어야 하기에

어제의 비상은
남다른 교재부터
결이 다른 콘텐츠
전에 없던 교육 플랫폼까지

변함없는 혁신으로
교육 문화 환경의 새로운 전형을
실현해왔습니다.

비상은 오늘, 다시 한번
새로운 교육 문화 환경을 실현하기 위한
또 하나의 혁신을 시작합니다.

오늘의 내가 어제의 나를 초월하고
오늘의 교육이 어제의 교육을 초월하여
배움의 즐거움을 지속하는 혁신,

바로, 메타인지학습을.

상상을 실현하는 교육 문화 기업 비상

메타인지학습
초월을 뜻하는 meta와 생각을 뜻하는 인지가 결합된 메타인지는
자신이 알고 모르는 것을 스스로 구분하고 학습계획을 세우도록 하는
궁극의 학습 능력입니다. 비상의 메타인지학습은 메타인지를 키워주어
공부를 100% 내 것으로 만들도록 합니다.

ⓦ 완자

공부력

m

초등 영어
영단어 5B

특징과 활용법

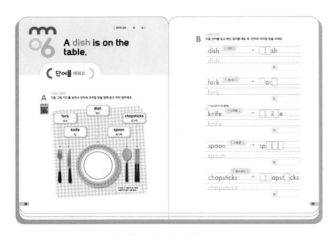

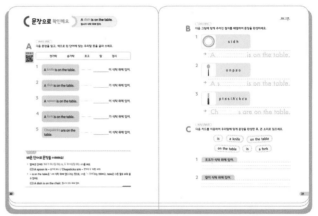

✳ 그림 카드와 함께 단어를 보고, 듣고,
따라 말하고, 쓰면서 배워요.

✳ 배운 단어를 문장에 적용해 보며
단어의 실제 쓰임새를 다시 한 번 익혀요.

✳ 철자와 우리말 발음을 색으로 연결하여 단어를 정확하게 익혀요.

예시 **careful** [케어*r*뻘]

| 자음 : 빨강, 파랑, 초록 | 모음 : 보라 | 굴리는 r : 주황 | 묵음 : 회색 |

모음	a [애 / 에이 / 어]		e [에 / 이 / 어]		i [이 / 아이]		o [아 / 오 / 오우]		u [어 / 우 / 유]	
자음	b [ㅂ]	c [ㅋ/ㅅ,ㅆ]	d [ㄷ]	f [ㅍ,ㅃ]	g [ㄱ/ㅈ]	h [ㅎ]	j [ㅈ]	k [ㅋ]	l [ㄹ]	m [ㅁ]
	n [ㄴ]	p [ㅍ]	q [ㅋ]	r [ㄹ]	s [ㅅ,ㅆ/ㅈ]	t [ㅌ]	v [ㅂ]	w [우]	x [ㅋ/ㅅ,ㅆ]	y [이/아이]
	z [ㅈ]	ch [취]	sh [쉬]	th [ㅆ/ㄷ]	ng [응]	ph [ㅍ,ㅃ]				

└ w, y는 자음이지만
모음으로 발음해요.

✅ 책으로 하루 4쪽 공부하며, 초등 영단어를 익혀요!

✅ 모바일앱으로 공부한 내용을 복습하고 몬스터를 잡아요!

공부한 내용 확인하기

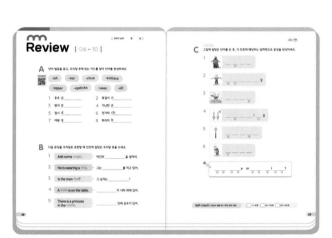

✳ 5일 동안 배운 단어를 재미있는 💡
문제로 풀어보며 복습해요.

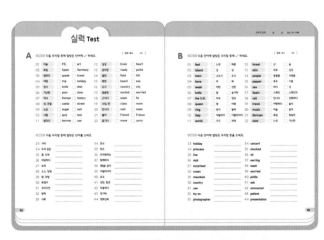

✳ 20일 동안 배운 단어를 단계별 문제로
풀어보며 자기의 실력을 확인해요.

모바일앱으로 복습하기

앱 다운받기　　　　책 인증하기

✳ 그날 배운 내용을 바로바로,
또는 주말에 모아서 복습하고,
다이아몬드 획득까지! 💎
공부가 저절로 즐거워져요!

차례

완자 공부력
영단어 시리즈 단어 수
Start!

| | 3A 100단어 | 3B 101단어 |

누적 학습 단어 수 **100단어**   **201단어**

한 친구가
작은 습관을 만들었어요.

매일매일의 시간이 흘러
작은 습관은 큰 습관이 되었어요.

큰 습관이 지금은 그 친구를 이끌고
있어요. 매일매일의 좋은 습관은
우리를 좋은 곳으로 이끌어 줄 거예요.

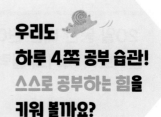

우리도
하루 4쪽 공부 습관!
스스로 공부하는 힘을
키워 볼까요?

5A/5B에서는 부엌 용품, 나라, 국적·언어, 과목, 위치, 자연 등
5학년 영어 교과서에 나오는 주제어를 공부해요.

4A 100단어	4B 102단어	5A 103단어	5B 105단어	6A 108단어	6B 105단어
					Finish!
301단어	403단어	506단어	611단어	719단어	총 초등 필수 824단어

Do you like art class?

단어를 배워요

A 다음 그림 카드를 보면서 단어와 우리말 뜻을 함께 듣고 따라 말하세요.

단어 듣기

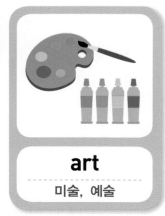

art
미술, 예술

music
음악

P.E.
체육

P.E.는 physical education의 줄임말이에요.

history
역사

class
수업, 반

social studies
사회

Speak & Write

B 다음 단어를 읽고 빠진 철자를 채운 후, 단어와 우리말 뜻을 쓰세요.

art [아-r트] → □r□

art 뜻

music [뮤우지ㅋ] → m□si□

music 뜻

P.E. [피이] → □.□.

P.E. 뜻

history [히스토리] → hi□t□□y

history 뜻

social studies [쏘우셜 스터디즈] → so□i□l stu□ies

social studies 뜻

class [클래ㅅ] → □la□□

class 뜻

Read & Match

A 다음 그림에 맞게 색으로 된 알맞은 단어와 우리말 뜻을 연결하세요.

1  •   • Do you like music class? •   • 체육

2   •   • Do you like art class? •   • 음악

3   •   • Do you like history class? •   • 역사

4   •   • Do you like P.E. class? •   • 사회

5   •   • Do you like social studies class? •   • 미술

배운 단어로 문장을 이해해요!

▶ Do you like ~ class?는 '너는 ~ 수업을 좋아하니?'라는 뜻으로, 그 과목을 좋아하면 Yes, I do., 좋아하지 않으면 No, I don't.로 답해요.

A Do you like art class? 너는 미술 수업을 좋아하니?

B Yes, I do. 응 그래. / No, I don't. 아니, 그렇지 않아.

B 다음 우리말에 맞게 알맞은 단어를 골라 문장을 완성하세요.

1 너는 역사 수업을 좋아하니?　P.E.　history

→ Do you like _____ class?

2 너는 음악 수업을 좋아하니?　music　social studies

→ Do you like _____ class?

3 너는 미술 수업을 좋아하니?　history　art

→ Do you like _____ class?

C 다음 우리말에 맞게 카드를 배열한 후, 완성된 문장을 큰 소리로 읽으세요.

1 너는 체육 수업을 좋아하니?

do you　?　like　P.E. class

→

2 너는 사회 수업을 좋아하니?

social studies class　like　?　do you

→

9

I will call Sam tonight.

단어를 배워요

Listen & Speak

A 다음 그림 카드를 보면서 단어와 우리말 뜻을 함께 듣고 따라 말하세요.

단어 듣기

call

전화하다

meet

만나다

visit

방문하다

help

돕다, 도와주다

join

함께하다

B 다음 단어를 읽고 빠진 철자를 채운 후, 단어와 우리말 뜻을 쓰세요.

call 　[코올]　→ ☐☐ll

call

뜻 ☐

meet 　[미이트]　→ m☐☐t

meet

뜻 ☐

visit 　[비지트]　→ ☐i☐☐t

visit

뜻 ☐

help 　[헬프]　→ h☐l☐

help

뜻 ☐

join 　[조인]　→ j☐i☐

join

뜻 ☐

Read & Choose

A 다음 문장을 읽고, 색으로 된 단어에 맞는 우리말 뜻을 고르세요.

문장 듣기

1

I will help Sam tonight.

도와주다
함께하다

2

I will visit Sam tonight.

만나다
방문하다

3

I will call Sam tonight.

전화하다
도와주다

4

I will join Sam tonight.

방문하다
함께하다

5
I will meet Sam tonight.

만나다
전화하다

배운 단어로 문장을 이해해요!

> I will ~은 '나는 ~할 것이다'라는 뜻으로, will은 미래의 계획을 나타낼 때 써요.

ex I help Sam. 나는 샘을 도와.

→ I will help Sam. 나는 샘을 도울 거야.

> tonight은 '오늘밤'이라는 뜻으로, will과 함께 쓰이면 '오늘밤 ~할 거야'라는 뜻이 되어요.

ex I will meet Sam tonight. 나는 오늘밤 샘을 만날 거야.

B 다음에서 알맞은 단어를 골라 우리말에 맞게 문장을 완성하세요.

call meet visit help join

1 나는 오늘밤 샘을 만날 거야.

→ I will   Sam tonight.

2 나는 오늘밤 샘을 도울 거야.

→ I will   Sam tonight.

3 나는 오늘밤 샘과 함께할 거야.

→ I will   Sam tonight.

C 다음 우리말에 맞게 카드를 배열한 후, 완성된 문장을 큰 소리로 읽으세요.

1 나는 오늘밤 샘에게 전화할 거야.

tonight. Sam will call I

→

2 나는 오늘밤 샘을 방문할 거야.

Sam I tonight. will visit

→

I'm going to travel to France.

단어를 배워요

A 다음 그림 카드를 보면서 단어와 우리말 뜻을 함께 듣고 따라 말하세요.

단어 듣기

France
프랑스

Germany
독일

Spain
스페인

Italy
이탈리아

travel
여행하다

U.K.는 United Kingdom의 줄임말이에요.

the U.K.
영국

14

B 다음 단어를 읽고 빠진 철자를 채운 후, 단어와 우리말 뜻을 쓰세요.

France [쁘랜ㅅ] → ☐ra☐☐e

France

뜻 _____

Germany [저어r머니] → G☐rma☐☐

Germany

뜻 _____

Spain [스페인] → S☐a☐n

Spain

뜻 _____

→ 'ㄹ'로 발음하기도 해요.

Italy [이럴리] → ☐ta☐☐

Italy

뜻 _____

the U.K. [더 유케이] → ☐☐e U.☐.

the U.K.

뜻 _____

travel [트래블] → ☐rav☐☐

travel

뜻 _____

I'm going to travel to France.
나는 프랑스를 여행할 예정이야.

Read & Write

A 다음 문장을 읽고, 색으로 된 단어에 맞는 우리말 뜻을 골라 쓰세요.

문장 듣기

| 프랑스 | 독일 | 스페인 | 이탈리아 | 영국 |

1 I'm going to travel to Italy. .... 나는 _____를 여행할 예정이야.

2 I'm going to travel to Spain. .... 나는 _____을 여행할 예정이야.

3 I'm going to travel to France. .... 나는 _____를 여행할 예정이야.

4 I'm going to travel to the U.K. .... 나는 _____을 여행할 예정이야.

5 I'm going to travel to Germany. .... 나는 _____을 여행할 예정이야.

배운 단어로 문장을 이해해요!

> I am going to ~는 '나는 ~할 예정이다'라는 뜻으로, am going to는 내 미래의 예정된 일을 말할 때 써요. I am은 I'm으로 줄여 쓸 수 있어요.

　　ex I travel. 나는 여행해. → I'm going to travel. 나는 여행할 예정이야.

> travel to ~는 '~을[으로] 여행하다'라는 뜻으로, '~' 자리에는 나라나 도시 등 장소를 나타내는 말이 와요.

B 다음 그림에 맞게 주어진 철자를 배열하여 문장을 완성하세요.

1  l y a̶ l t

→ I'm going to travel to I_____.

2 n S̶ i p a

→ I'm going to travel to S_____

3 e a r F̶ n c

→ I'm going to travel to F_____.

C 다음 카드를 이용하여 우리말에 맞게 문장을 완성한 후, 큰 소리로 읽으세요.

the U.K.   Germany   travel to

I'm going to   travel to   I'm going to

1 나는 영국을 여행할 예정이야.

_____

_____

2 나는 독일을 여행할 예정이야.

_____

_____

Can you speak French?

단어를 배워요

Listen & Speak

A 다음 그림 카드를 보면서 단어와 우리말 뜻을 함께 듣고 따라 말하세요.

단어 듣기

Bonjour!

French

불어, 프랑스의

Hello! / Hi, Jane.

speak

말하다

Hallo!

German

독일어, 독일의

Hola!

Spanish

스페인어, 스페인의

Salve!

Italian

이탈리아어, 이탈리아의

B 다음 단어를 읽고 빠진 철자를 채운 후, 단어와 우리말 뜻을 쓰세요.

French [쁘렌취] → F□en□□

French

뜻

German [저어*r*면] → □er□□n

German

뜻

Spanish [스패니쉬] → □pa□i□□

Spanish

뜻

Italian [이탤리언] → It□□ia□

Italian

뜻

speak [스피이크] → □pea□

speak

뜻

Read & Choose

A 다음 문장을 읽고, 색으로 된 단어에 맞는 우리말 뜻을 고르세요.

문장 듣기

1 Can you speak Spanish? ············ 불어 / 스페인어

2 Can you speak German? ············ 독일어 / 이탈리아어

3 Can you speak Italian? ············ 스페인어 / 이탈리아어

4 Can you speak French? ············ 불어 / 독일어

5 Can you speak English? ············ 여행하다 / 말하다

배운 단어로 문장을 이해해요!

> Can you speak ~?는 '너는 ~을 말할 수 있니?'라는 뜻으로, 특정 언어를 말할 수 있는지 물을 때 써요.

A Can you speak English? 너는 영어를 말할 수 있니?
B Yes, I can. 응, 할 수 있어. / No, I can't. 아니, 할 수 없어.

B

다음에서 알맞은 단어를 골라 우리말에 맞게 문장을 완성하세요.

French	German	Spanish	Italian

1 너는 독일어를 말할 수 있니?

Can you speak _____ ?

2 너는 불어를 말할 수 있니?

Can you speak _____ ?

3 너는 이탈리아어를 말할 수 있니?

Can you speak _____ ?

C

다음 우리말에 맞게 카드를 배열한 후, 완성된 문장을 큰 소리로 읽으세요.

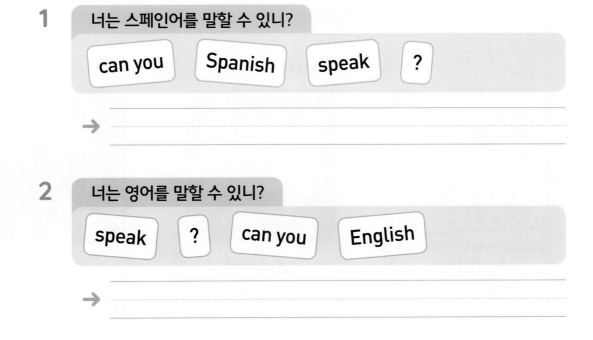

1 너는 스페인어를 말할 수 있니?

can you   Spanish   speak   ?

→ _____

2 너는 영어를 말할 수 있니?

speak   ?   can you   English

→ _____

21

How was your trip?

A Listen & Speak

다음 그림 카드를 보면서 단어와 우리말 뜻을 함께 듣고 따라 말하세요.

단어 듣기

trip
여행

vacation
방학

holiday
휴일, 명절

concert
공연, 연주회

movie
영화

B 다음 단어를 읽고 빠진 철자를 채운 후, 단어와 우리말 뜻을 쓰세요.

trip   [트리ㅍ]   →   ☐☐ip

trip

뜻 ☐

vacation   [베이케이션]   →   ☐a☐at☐☐n

vacation

뜻 ☐

holiday   [할러데이]   →   h☐lid☐☐

holiday

뜻 ☐

concert   [커언써r트]   →   ☐on☐e☐t

concert

뜻 ☐

movie   [무우비]   →   m☐☐ie

movie

뜻 ☐

문장으로 확인해요

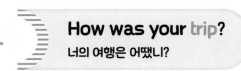

How was your trip?
너의 여행은 어땠니?

Read & Match

A

다음 그림에 맞게 색으로 된 알맞은 단어와 우리말 뜻을 연결하세요.

문장 듣기

1  • • **How was your trip?** • • 휴일

2  • • **How was your vacation?** • • 영화

3 • • **How was the movie?** • • 여행

4 • • **How was your holiday?** • • 방학

5 • • **How was the concert?** • • 공연

배운 단어로 문장을 이해해요!

> How was ~?는 '~은 어땠니?'라는 뜻으로, 경험한 일에 대한 느낌이나 감상을 물어볼 때 써요.

> was는 '~였다'라는 뜻으로, 과거의 일을 나타낼 때 써요.

> How was ~?에 답할 때는 구체적인 소감이 드러나도록 good, bad, great 등으로 답해요.

A **How was the concert?** 그 콘서트는 어땠니?

B **It was good.** 그것은 좋았어.

Choose & Write

B 다음 우리말에 맞게 알맞은 단어를 골라 문장을 완성하세요.

1 너의 여행은 어땠니? vacation | trip

→ How was your _____ ?

2 그 영화는 어땠니? movie | concert

→ How was the _____ ?

3 너의 휴일은 어땠니? trip | holiday

→ How was your _____ ?

Write & Speak

C 다음 우리말에 맞게 카드를 배열한 후, 완성된 문장을 큰 소리로 읽으세요.

1 너의 방학은 어땠니?

? | was | your vacation | how

→ _____

2 그 공연은 어땠니?

was | how | ? | the concert

→ _____

Review | 01-05 |

A 단어 발음을 듣고, 우리말 뜻에 맞는 카드를 찾아 단어를 완성하세요.

단어 듣기

| -acation | -eet | -rip | -peak |

| -pain | -istory | -rance | -rt |

1 역사 h _____   **2** 만나다 m _____

3 미술 a _____   **4** 스페인 S _____

5 여행 t _____   **6** 말하다 s _____

7 방학 v _____   **8** 프랑스 F _____

B 다음 문장을 우리말로 표현할 때 빈칸에 알맞은 우리말 뜻을 쓰세요.

1 Do you like P.E. class?   너는 _____ 수업을 좋아하니?

2 I will visit Sam tonight.   나는 오늘밤 샘을 _____ 거야.

3 Can you speak Italian?   너는 _____ 를 말할 수 있니?

4 How was your holiday?   너의 _____ 은 어땠니?

5 I'm going to travel to the U.K.   나는 _____ 을 여행할 예정이야.

Let's Play

C 우리말 뜻이나 그림에 맞는 단어로 퍼즐을 완성하세요.

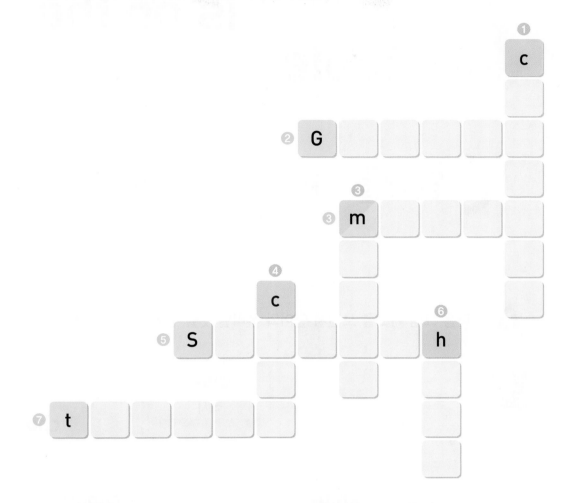

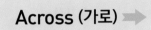

Across (가로) ➡

2 독일어, 독일의

3

5 스페인어, 스페인의

7

Down (세로) ⬇

1 공연, 연주회

3

4 전화하다

6

Self-check! 자신이 외운 01~05의 단어 개수   ☐ 1~10개 ☐ 11~19개 ☐ 20~27개

A dish is on the table.

단어를 배워요

A 다음 그림 카드를 보면서 단어와 우리말 뜻을 함께 듣고 따라 말하세요.

단어 듣기

dish
접시

fork
포크

chopsticks
젓가락

knife
칼

spoon
숟가락

젓가락은 두 개를 하나의 세트로
사용하므로 끝에 -s를 붙여요.

B 다음 단어를 읽고 빠진 철자를 채운 후, 단어와 우리말 뜻을 쓰세요.

dish [디쉬] → ☐☐sh

dish

뜻 ☐

fork [뽀r크] → ☐or☐

fork

뜻 ☐

→ k는 소리가 나지 않아요.

knife [나이쁘] → ☐☐i☐e

knife

뜻 ☐

spoon [스푸운] → sp☐☐☐

spoon

뜻 ☐

[촵스틱스]

chopsticks → ☐☐opst☐cks

chopsticks

뜻 ☐

A dish is on the table.
접시가 식탁 위에 있어.

Read & Write

A 다음 문장을 읽고, 색으로 된 단어에 맞는 우리말 뜻을 골라 쓰세요.

문장 듣기

젓가락	숟가락	포크	칼	접시

1 A knife is on the table. .... _____이 식탁 위에 있어.

2 A dish is on the table. .... _____가 식탁 위에 있어.

3 A spoon is on the table. .... _____이 식탁 위에 있어.

4 A fork is on the table. .... _____가 식탁 위에 있어.

5 Chopsticks are on the table. .... _____이 식탁 위에 있어.

배운 단어로 문장을 이해해요!

> 앞에 쓴 단어의 개수가 하나일 때는 is, 두 개 이상일 때는 are를 써요.

ex A spoon is ~ 숟가락 하나 / Chopsticks are ~ 젓가락 두 개(한 세트)

> ~ is on the table.은 '~이 식탁 위에 있다.'라는 뜻으로, on은 '~ 위에'라는 의미이고, table은 다른 말로 바꿔 쓸 수 있어요.

ex A dish is on the chair. 접시가 의자 위에 있어.

Look & Write

B 다음 그림에 맞게 주어진 철자를 배열하여 문장을 완성하세요.

1

s i d h

→ A _____ is on the table.

2

o n p s o

→ A s_____ is on the table.

3

p t s s i h c k c o

→ Ch_____s are on the table.

Write & Speak

C 다음 카드를 이용하여 우리말에 맞게 문장을 완성한 후, 큰 소리로 읽으세요.

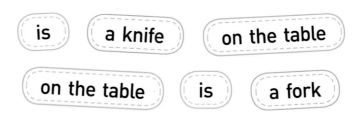

(is) (a knife) (on the table)

(on the table) (is) (a fork)

1 포크가 식탁 위에 있어.

_____

_____

2 칼이 식탁 위에 있어.

_____

_____

Is the man strong?

단어를 배워요

A 다음 그림 카드를 보면서 단어와 우리말 뜻을 함께 듣고 따라 말하세요.

단어 듣기

| **strong** |
| 강한, 힘센 |

| **fast** |
| 빠른 |

| **rich** |
| 부유한 |

| **weak** |
| 약한 |

| **slow** |
| 느린 |

| **poor** |
| 가난한 |

B 다음 단어를 읽고 빠진 철자를 채운 후, 단어와 우리말 뜻을 쓰세요.

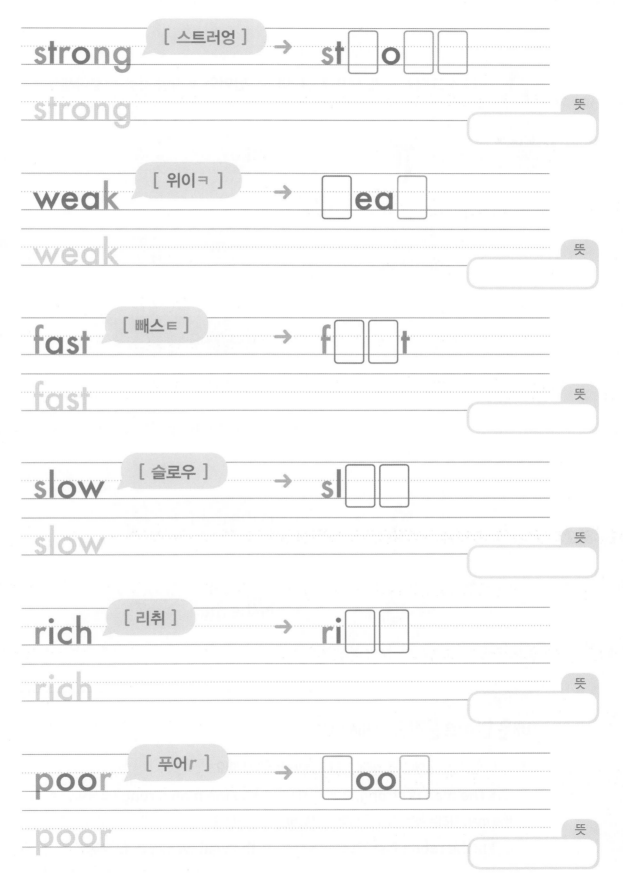

strong [스트러엉] → st☐o☐☐

strong 뜻

weak [위이ㅋ] → ☐ea☐

weak 뜻

fast [빼스ㅌ] → f☐☐t

fast 뜻

slow [슬로우] → sl☐☐

slow 뜻

rich [리취] → ri☐☐

rich 뜻

poor [푸어r] → ☐oo☐

poor 뜻

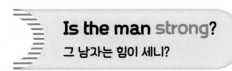
Read & Match

A
다음 그림에 맞게 색으로 된 알맞은 단어와 우리말 뜻을 연결하세요.

문장 듣기

1 • • Is the man weak? • • 약한

2 • • Is the man slow? • • 부유한

3 • • Is the man rich? • • 힘센

4 • • Is the man fast? • • 가난한

5 • • Is the man strong? • • 느린

6 • • Is the man poor? • • 빠른

배운 단어로 문장을 이해해요!

> Is가 문장의 맨 앞에 오면 '~하니?'라고 물어보는 말이 되어요.

ex The man is strong. 그 남자는 힘이 세. → Is the man strong? 그 남자는 힘이 세니?

> the man 자리는 동물, 사물 등 다양한 말로 바꿔 쓸 수 있어요.

ex Is the rabbit fast? 그 토끼는 빠르니? Is the wall weak? 그 벽은 약하니?

B 다음 우리말에 맞게 알맞은 단어를 골라 문장을 완성하세요.

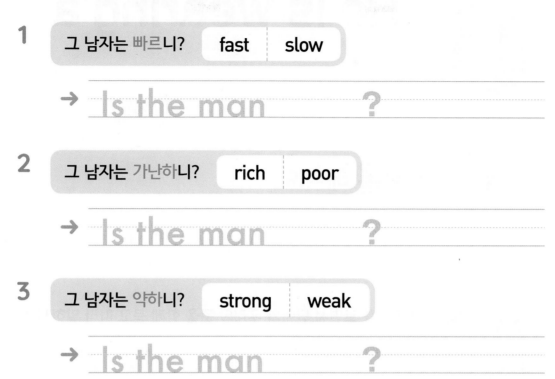

1 그 남자는 빠르니? fast | slow

→ Is the man _____ ?

2 그 남자는 가난하니? rich | poor

→ Is the man _____ ?

3 그 남자는 약하니? strong | weak

→ Is the man _____ ?

C 다음 우리말에 맞게 카드를 배열한 후, 완성된 문장을 큰 소리로 읽으세요.

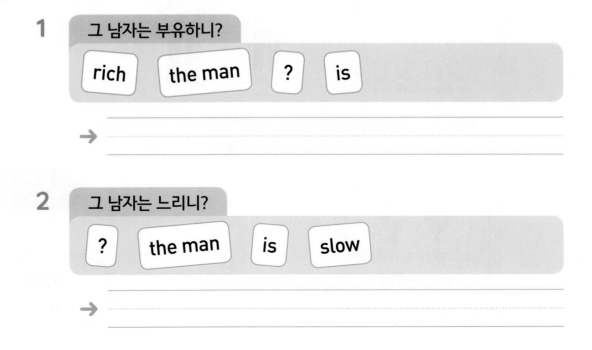

1 그 남자는 부유하니?

rich | the man | ? | is

→ _____

2 그 남자는 느리니?

? | the man | is | slow

→ _____

35

He is wearing a ring.

단어를 배워요

A 다음 그림 카드를 보면서 단어와 우리말 뜻을 함께 듣고 따라 말하세요.

단어 듣기

ring

반지

'(옷을) 입다, (모자를) 쓰다, (반지를) 끼다' 등 몸에 착용하는 것은 모두 wear를 써요.

wear

착용하다

necklace

목걸이

귀걸이 한 쌍은 끝에 -s를 붙여 earrings라고 해요.

earring

귀걸이

belt

허리띠, 벨트

B 다음 단어를 읽고 빠진 철자를 채운 후, 단어와 우리말 뜻을 쓰세요.

ring [링] → ☐☐ng

ring

뜻

necklace [네클리ㅅ] → ne☐☐la☐e

necklace

뜻

earring [이어링] → ea☐ri☐g

earring

뜻

belt [벨ㅌ] → b☐l☐

belt

뜻

wear [웨어r] → ☐e☐r

wear

뜻

Read & Write

A 다음 문장을 읽고, 색으로 된 단어에 맞는 우리말 뜻을 골라 쓰세요.

문장 듣기

| 반지 | 목걸이 | 귀걸이 | 허리띠 |

1 He is wearing a belt. ·········· 그는 _____를 차고 있어.

2 She is wearing a necklace. ·········· 그녀는 _____를 하고 있어.

3 He is wearing a ring. ·········· 그는 _____를 끼고 있어.

4 She is wearing earrings. ·········· 그녀는 _____를 하고 있어.

배운 단어로 문장을 이해해요!

> '~하고 있다'라고 진행 중인 의미를 나타낼 때는 am[are/is] + -ing의 형태를 써요.

ex I am wearing a ring. 나는 반지를 끼고 있어.
He is wearing a ring. 그는 반지를 끼고 있어.

> wear를 우리말로 해석할 때는 착용하는 옷이나 액세서리에 맞춰 다르게 표현해요.

ex wear a hat 모자를 쓰다   wear a shirt 셔츠를 입다   wear a ring 반지를 끼다

B 다음 그림에 맞게 주어진 철자를 배열하여 문장을 완성하세요.

1

t e l b

→ He is wearing a ____ .

2

n i g r

→ He is wearing a ____ .

3

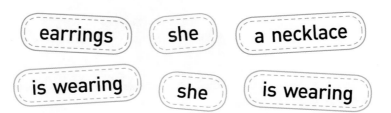

r e w a

→ He is ____ing a belt.

C 다음 카드를 이용하여 우리말에 맞게 문장을 완성한 후, 큰 소리로 읽으세요.

(earrings) (she) (a necklace)

(is wearing) (she) (is wearing)

1 그녀는 귀걸이를 하고 있어.

____

2 그녀는 목걸이를 하고 있어.

____

There is a king in the castle.

단어를 배워요

Listen & Speak

A 다음 그림 카드를 보면서 단어와 우리말 뜻을 함께 듣고 따라 말하세요.

단어 듣기

king
왕, 국왕

queen
여왕, 왕비

castle
성, 궁궐

prince
왕자

princess
공주

B 다음 단어를 읽고 빠진 철자를 채운 후, 단어와 우리말 뜻을 쓰세요.

king [킹] → [ ]in[ ]

king

뜻 [   ]

queen [퀴인] → [ ]u[ ][ ]n

queen

뜻 [   ]

prince [프린ㅅ] → p[ ]i[ ]ce

prince

뜻 [   ]

princess [프린쎄ㅅ] → pr[ ]n[ ]es[ ]

princess

뜻 [   ]

→ ㅏ는 소리가 나지 않아요.

castle [캐쓸] → [ ][ ]st[ ]e

castle

뜻 [   ]

Read & Match

A

다음 그림에 맞게 색으로 된 알맞은 단어와 우리말 뜻을 연결하세요.

문장 듣기

1 ・ ・ There is a prince in the castle. ・ ・ 성

2 ・ ・ There is a queen in the castle. ・ ・ 왕자

3 ・ ・ There is a king in the castle. ・ ・ 여왕

4 ・ ・ There is a princess in the castle. ・ ・ 공주

5 ・ ・ There is a king in the castle. ・ ・ 왕

배운 단어로 문장을 이해해요!

> There is ~ in the... 는 '… 안에 ~이 있다'라는 뜻으로, in은 위치를 나타내는 다른 말로 바꿔 쓸 수 있어요.

ex There is a queen next to the castle. 성 옆에 왕비가 있어.

There is a princess in front of the castle. 성 앞에 공주가 있어.

Choose & Write

B 다음 우리말에 맞게 알맞은 단어를 골라 문장을 완성하세요.

1 성 안에 왕자가 있어. | prince | princess |

→ There is a _____ in the castle.

2 성 안에 왕이 있어. | king | prince |

→ There is a _____ in the castle.

3 성 안에 왕비가 있어. | princess | queen |

→ There is a _____ in the castle.

Write & Speak

C 다음 우리말에 맞게 카드를 배열한 후, 완성된 문장을 큰 소리로 읽으세요.

1 성 안에 공주가 있어.

| a princess | . | there is | in the castle |

→ _____

2 성 안에 왕자가 있어.

| . | in the castle | a prince | there is |

→ _____

43

10

Add some salt.

단어를 배워요

A 다음 그림 카드를 보면서 단어와 우리말 뜻을 함께 듣고 따라 말하세요.

단어 듣기

salt

소금

pepper

후추

sugar

설탕

oil

기름, 식용유

sauce

소스, 양념

B 다음 단어를 읽고 빠진 철자를 채운 후, 단어와 우리말 뜻을 쓰세요.

salt [써얼ㅌ] → □□lt

salt

뜻 ____

pepper [페퍼r] → pe□□□r

pepper

뜻 ____

sugar [슈거r] → s□□ar

sugar

뜻 ____

oil [오일] → □□l

oil

뜻 ____

sauce [써어ㅅ] → □□u□e

sauce

뜻 ____

Read & Choose

A 다음 문장을 읽고, 색으로 된 단어에 맞는 우리말 뜻을 고르세요.

문장 듣기

1 Add some salt. ....

후추
소금

2 Add some oil. ....

식용유
설탕

3 Add some pepper. ....

소스
후추

4 Add some sauce. ....

소스
식용유

5 Add some sugar. ....

소금
설탕

배운 단어로 문장을 이해해요!

> add는 '더하다, 첨가하다', some은 '약간의'라는 뜻으로, Add some ~은 '약간의 ~을 넣어라'라는 뜻이에요.

> I, You,… 등 주인이 되는 말 없이 문장이 시작하면, 상대방에게 직접 '~해라'라고 명령하거나 지시하는 말이 되어요.

   ex **You add some sugar.** 너는 약간의 설탕을 넣어.

   → **Add** some sugar. 약간의 설탕을 넣어라.

B 다음에서 알맞은 단어를 골라 우리말에 맞게 문장을 완성하세요.

| salt | pepper | sugar | oil | sauce |

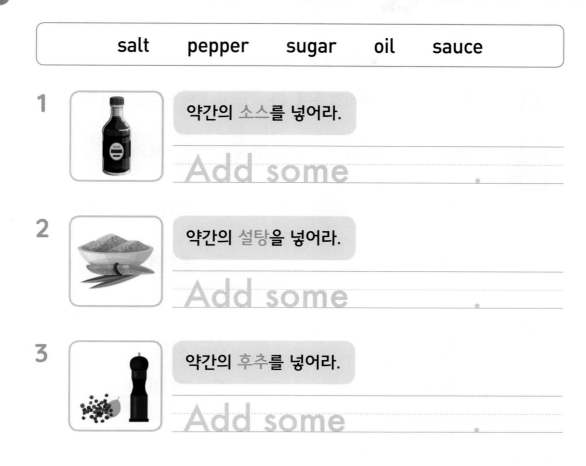

1 약간의 소스를 넣어라.

Add some _____ .

2 약간의 설탕을 넣어라.

Add some _____ .

3 약간의 후추를 넣어라.

Add some _____ .

C 다음 우리말에 맞게 카드를 배열한 후, 완성된 문장을 큰 소리로 읽으세요.

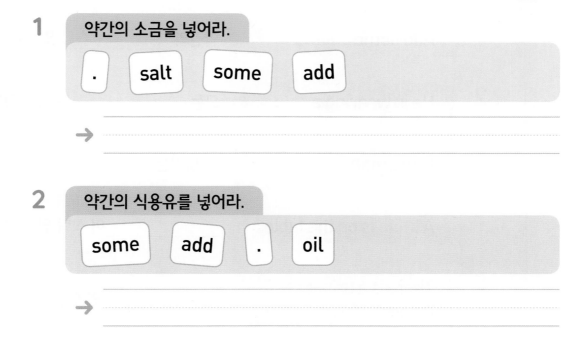

1 약간의 소금을 넣어라.

| . | salt | some | add |

→ _____

2 약간의 식용유를 넣어라.

| some | add | . | oil |

→ _____

Review | 06 - 10 |

A 단어 발음을 듣고, 우리말 뜻에 맞는 카드를 찾아 단어를 완성하세요.

단어 듣기

| -ish | -oor | -rince | -ecklace |

| -epper | -opsticks | -ueen | -elt |

1 후추 p_____   2 목걸이 n_____

3 왕자 p_____   4 가난한 p_____

5 접시 d_____   6 젓가락 ch_____

7 여왕 q_____   8 허리띠 b_____

B 다음 문장을 우리말로 표현할 때 빈칸에 알맞은 우리말 뜻을 쓰세요.

1 Add some sugar. ▶ 약간의 _____을 넣어라.

2 He is wearing a ring. ▶ 그는 _____를 끼고 있어.

3 Is the man fast? ▶ 그 남자는 _____?

4 A knife is on the table. ▶ _____이 식탁 위에 있어.

5 There is a princess in the castle. ▶ _____ 안에 공주가 있어.

C Let's Play

그림에 알맞은 단어를 쓴 후, 각 번호에 해당하는 알파벳으로 문장을 완성하세요.

1
___ ___ ___ ___
   ①

2
___ ___ ___ ___ ___ g
   ② ③

3
___ ___ ___ ___
            ④

4
___ ___ ___ ___ i ___ g
   ⑤   ⑥

5
___ ___ ___ ___ ___
   ⑦   ⑧

6
___ ___ ___ ___
   ⑨

___ ___ ___ ___ e m ___ ___ ___ l ___ ___?
 ① ② ③ ④   ⑤ ⑥   ⑦ ⑧ ⑨

Self-check! 자신이 외운 06~10의 단어 개수   ☐ 1~9개 ☐ 10~19개 ☐ 20~26개

11 I have homework.

단어를 배워요

A 다음 그림 카드를 보면서 단어와 우리말 뜻을 함께 듣고 따라 말하세요.

단어 듣기

homework
숙제

question
질문

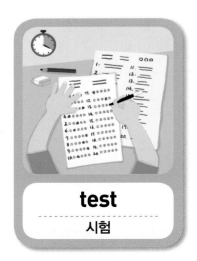
test
시험

quiz
퀴즈, 간단한 시험

presentation
발표

B 다음 단어를 읽고 빠진 철자를 채운 후, 단어와 우리말 뜻을 쓰세요.

[호움워어rk]

homework → ho☐☐w☐rk

homework

뜻 ☐

[퀘스천]

question → ☐u☐s☐ion

question

뜻 ☐

test [테스트] → t☐☐☐

test

뜻 ☐

quiz [퀴즈] → q☐☐☐

quiz

뜻 ☐

[프레즌테이션]

presentation → p☐e☐ent☐☐ion

presentation

뜻 ☐

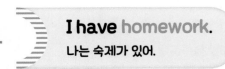
Read & Write

A 다음 문장을 읽고, 색으로 된 단어에 맞는 우리말 뜻을 골라 쓰세요.

문장 듣기

| 숙제 | 질문 | 시험 | 퀴즈 | 발표 |

1 I have a question. ······ 나는 _____이 있어.

2 I have a quiz today. ······ 나는 오늘 _____가 있어.

3 I have a test today. ······ 나는 오늘 _____이 있어.

4 I have homework. ······ 나는 _____가 있어.

5 I have a presentation today. ······ 나는 오늘 _____가 있어.

배운 단어로 문장을 이해해요!

> I have ~ (today).는 '나는 (오늘) ~이 있다.'라는 뜻으로, today는 '오늘'을 의미해요.

> have는 주로 '가지고 있다'라는 '소유'의 의미로 쓰지만, '~(할 일이나 일정)이 있다'라는 의미로도 써요.

> ex I have a pen. 나는 펜을 가지고 있어.
> I have a test today. 나는 오늘 시험이 있어.

> homework는 셀 수 없는 것으로 취급하여 앞에 a를 쓰지 않아요.

B 다음 그림에 맞게 주어진 철자를 배열하여 문장을 완성하세요.

1

t t s e

→ I have a   today.

2

q u o n e s t i

→ I have a qu   .

3

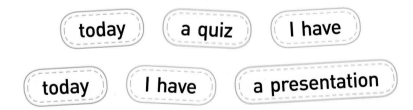

k w r e m h o o

→ I have h   .

C 다음 카드를 이용하여 우리말에 맞게 문장을 완성한 후, 큰 소리로 읽으세요.

(today)   (a quiz)   (I have)

(today)   (I have)   (a presentation)

1   나는 오늘 퀴즈가 있어.

2   나는 오늘 발표가 있어.

 May I borrow your pencil?

단어를 배워요

A 다음 그림 카드를 보면서 단어와 우리말 뜻을 함께 듣고 따라 말하세요.

단어 듣기

borrow
빌리다

use
사용하다

try on
(한번) 입어보다

ask
묻다, 질문하다

answer
대답하다

B 다음 단어를 읽고 빠진 철자를 채운 후, 단어와 우리말 뜻을 쓰세요.

borrow [바로우] → b☐r☐o☐

borrow

뜻 ☐

use [유우즈] → ☐☐e

use

뜻 ☐

try on [트라이 언] → ☐☐☐ on

try on

뜻 ☐

ask [애스ㅋ] → a☐☐

ask

뜻 ☐

answer [앤써r] → an☐w☐☐

answer

뜻 ☐

문장으로 확인해요

May I borrow your pencil?
제가 당신의 연필을 빌려도 될까요?

Read & Choose

A 다음 문장을 읽고, 색으로 된 단어에 맞는 우리말 뜻을 고르세요.

문장 듣기

1 May I ask a question?

> 대답하다
> 묻다

2 May I use the phone?

> 사용하다
> 빌리다

3 May I borrow your pencil?

> 빌리다
> 입어보다

4 May I try on the dress?

> 입어보다
> 사용하다

5 May I answer the question?

> 질문하다
> 대답하다

배운 단어로 문장을 이해해요!

> May I ~?는 '제가 ~해도 될까요?'라는 뜻으로, 상대방에게 허락을 요청할 때 쓰는 표현이에요.
> 수락할 때는 Yes, you may., 수락하지 않을 때는 No, you may not.으로 답해요.

A May I use the phone? 제가 그 전화기를 사용해도 될까요?

B Yes, you may. / Go ahead, please. 네, 그럼요.
  No, you may not. 안 돼요.

56

B 다음에서 알맞은 단어를 골라 우리말에 맞게 문장을 완성하세요.

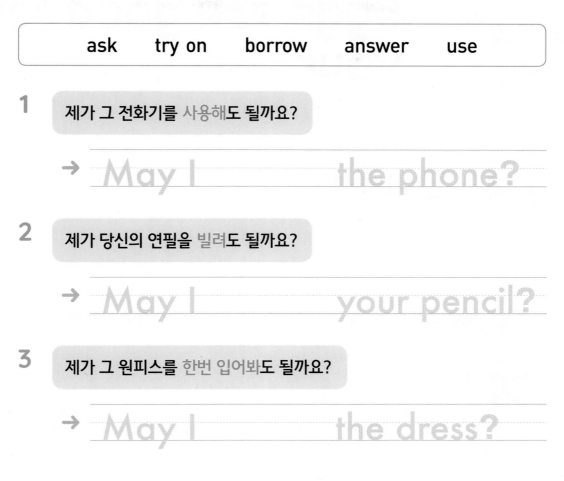

| ask | try on | borrow | answer | use |

1 제가 그 전화기를 사용해도 될까요?

→ May I _____ the phone?

2 제가 당신의 연필을 빌려도 될까요?

→ May I _____ your pencil?

3 제가 그 원피스를 한번 입어봐도 될까요?

→ May I _____ the dress?

C 다음 우리말에 맞게 카드를 배열한 후, 완성된 문장을 큰 소리로 읽으세요.

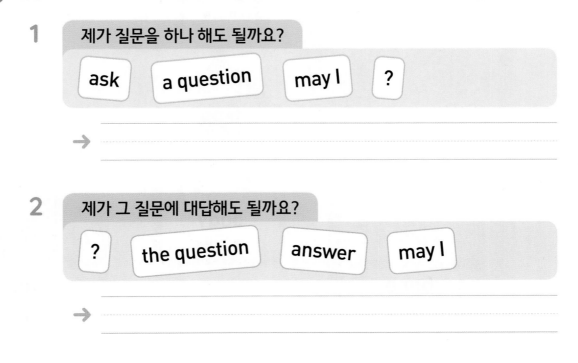

1 제가 질문을 하나 해도 될까요?

ask   a question   may I   ?

→ _____

2 제가 그 질문에 대답해도 될까요?

?   the question   answer   may I

→ _____

13

Eggs are good for your brain.

단어를 배워요

A 다음 그림 카드를 보면서 단어와 우리말 뜻을 함께 듣고 따라 말하세요.

단어 듣기

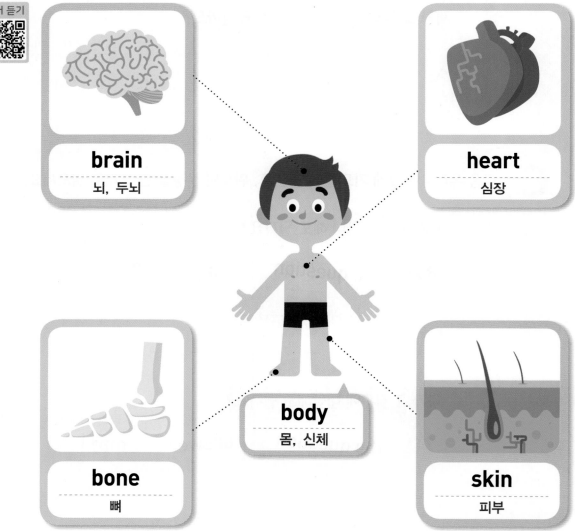

brain
뇌, 두뇌

heart
심장

body
몸, 신체

bone
뼈

skin
피부

B 다음 단어를 읽고 빠진 철자를 채운 후, 단어와 우리말 뜻을 쓰세요.

brain [브레인] → b□a□n

brain

뜻 [ ]

heart [하아r트] → □ear□

heart

뜻 [ ]

bone [보운] → b□n□

bone

뜻 [ ]

skin [스킨] → s□i□

skin

뜻 [ ]

body [바디] → □o□y

body

뜻 [ ]

문장으로 확인해요

Eggs are good for your brain.
달걀은 너의 두뇌에 좋아.

Read & Write

A 다음 문장을 읽고, 색으로 된 단어에 맞는 우리말 뜻을 골라 쓰세요.

문장 듣기

| 심장 | 몸 | 뼈 | 피부 | 두뇌 |

1 Milk is good for your bones.
········ 우유는 너의 _____ 에 좋아.

2 Garlic is good for your body.
········ 마늘은 너의 _____ 에 좋아.

3 Eggs are good for your brain.
········ 달걀은 너의 _____ 에 좋아.

4 Lemons are good for your skin.
········ 레몬은 너의 _____ 에 좋아.

5 Tomatoes are good for your heart.
········ 토마토는 너의 _____ 에 좋아.

배운 단어로 문장을 이해해요!

▶ ~ is[are] good for... 는 '~는 …에 좋다'라는 뜻이에요.

▶ bone(뼈)은 우리 몸 안에 1개 이상 있으므로 끝에 -s를 붙여 여러 개가 있음을 나타내요.

▶ 특정한 하나가 아닌 일반적인 것을 말할 때는 끝에 -s나 -es를 붙여요.

ex **Eggs are good for your brain.** 달걀은 너의 두뇌에 좋아.

▶ milk는 셀 수 없으므로 milks라고 쓸 수 없어요. garlic도 garlics라고 쓰지 않아요.

60

B
다음 그림에 맞게 주어진 철자를 배열하여 문장을 완성하세요.

1

   i n r b a

→ Eggs are good for your b_____.

2

   y o d b

→ Garlic is good for your _____.

3

   n b e o

→ Milk is good for your _____s.

C
다음 카드를 이용하여 우리말에 맞게 문장을 완성한 후, 큰 소리로 읽으세요.

(your heart)   (are good for)   (your skin)

(tomatoes)   (lemons)   (are good for)

1   레몬은 너의 피부에 좋아.

_____

_____

2   토마토는 너의 심장에 좋아.

_____

_____

Be careful!

단어를 배워요

Listen & Speak

A 다음 그림 카드를 보면서 단어와 우리말 뜻을 함께 듣고 따라 말하세요.

단어 듣기

careful

조심스러운, 주의 깊은

quiet

조용한

patient

참을성[인내심]이 있는

ready

준비된

polite

공손한, 예의 바른

B 다음 단어를 읽고 빠진 철자를 채운 후, 단어와 우리말 뜻을 쓰세요.

careful [케어r쁠] → ☐☐re☐ul

careful

뜻 ☐

quiet [콰이어ㅌ] → ☐ui☐☐

quiet

뜻 ☐

[페이션ㅌ]

patient → pa☐ie☐☐

patient

뜻 ☐

ready [레디] → ☐ead☐

ready

뜻 ☐

polite [펄라이트] → ☐☐li☐e

polite

뜻 ☐

문장으로 확인해요

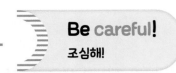

Be careful!
조심해!

Read & Match

A 다음 그림에 맞게 색으로 된 알맞은 단어와 우리말 뜻을 연결하세요.

문장 듣기

1 　　Be quiet!　　　공손한

2 　　Be ready!　　　조용한

3 　　Be careful!　　준비된

4 　　Be polite!　　　조심스러운

5 　　Be patient!　　참을성이 있는

배운 단어로 문장을 이해해요!

> Be를 문장 맨 앞에 쓰면 상대방에게 '~해(라)'라는 뜻이 되어요.

ex **You are polite.** 너는 예의가 발라. ➡ **Be polite!** 예의 바르게 해!

> 주로 특정한 행동을 지시하거나 명령할 때 Be ~!를 써요.

ex **Be quiet!** 조용히 해!

B

Choose & Write

다음 우리말에 맞게 알맞은 단어를 골라 문장을 완성하세요.

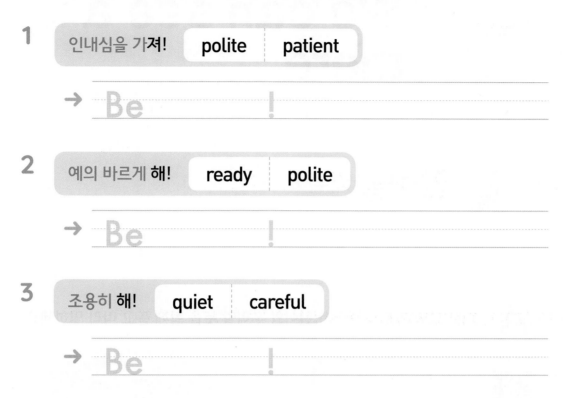

1 인내심을 가져! | polite | patient |

→ Be _____ !

2 예의 바르게 해! | ready | polite |

→ Be _____ !

3 조용히 해! | quiet | careful |

→ Be _____ !

C

Write & Speak

다음 우리말에 맞게 카드를 배열한 후, 완성된 문장을 큰 소리로 읽으세요.

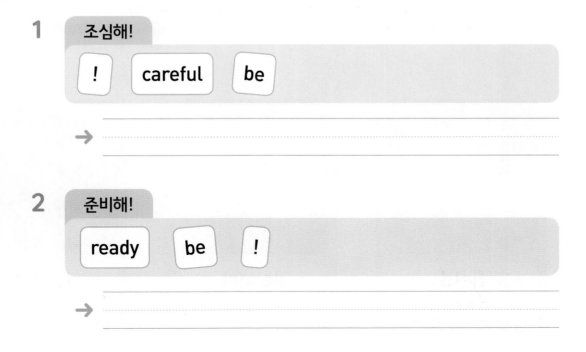

1 조심해!

| ! | careful | be |

→ _____

2 준비해!

| ready | be | ! |

→ _____

We can see a hill there.

단어를 배워요

Listen & Speak

A 다음 그림 카드를 보면서 단어와 우리말 뜻을 함께 듣고 따라 말하세요.

단어 듣기

hill

언덕

mountain

산

field

들판

desert

사막

forest

숲

B 다음 단어를 읽고 빠진 철자를 채운 후, 단어와 우리말 뜻을 쓰세요.

hill [힐] → ☐il☐

hill

뜻 ☐

mountain [마운튼] → m☐u☐☐ain

mountain

뜻 ☐

field [삐일드] → ☐ie☐d

field

뜻 ☐

desert [데저r트] → d☐☐er☐

desert

뜻 ☐

forest [뽀오리스ㅌ] → fo☐☐s☐

forest

뜻 ☐

We can see a hill there.
우리는 그곳에서 언덕을 볼 수 있어.

Read & Write

A 다음 문장을 읽고, 색으로 된 단어에 맞는 우리말 뜻을 골라 쓰세요.

문장 듣기

언덕	산	들판	사막	숲

1 We can see a forest there. .... 우리는 그곳에서 _____ 을 볼 수 있어.

2 We can see a desert there. .... 우리는 그곳에서 _____ 을 볼 수 있어.

3 We can see a hill there. .... 우리는 그곳에서 _____ 을 볼 수 있어.

4 We can see a field there. .... 우리는 그곳에서 _____ 을 볼 수 있어.

5 We can see a mountain there. .... 우리는 그곳에서 _____ 을 볼 수 있어.

배운 단어로 문장을 이해해요!

> can은 '~할 수 있다', see는 '보다'라는 뜻으로, can see는 '볼 수 있다'라는 뜻이 되어요.

> there은 '거기에, 그곳에서'라는 뜻으로, 장소를 나타낼 때 문장 맨 끝에 써요.

> We can see ~ there.는 '우리는 그곳에서 ~을 볼 수 있다.'라는 뜻이에요.

B

다음 그림에 맞게 주어진 철자를 배열하여 문장을 완성하세요.

1      r o ̸f s e t

→ We can see a f   there.

2   l e d i ̸f

→ We can see a f   there.

3   ̸d r e e t s

→ We can see a d   there.

C

다음 카드를 이용하여 우리말에 맞게 문장을 완성한 후, 큰 소리로 읽으세요.

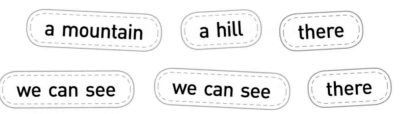

(a mountain) (a hill) (there)

(we can see) (we can see) (there)

1   우리는 그곳에서 언덕을 볼 수 있어.

2   우리는 그곳에서 산을 볼 수 있어.

Review | 11 - 15 |

A 단어 발음을 듣고, 우리말 뜻에 맞는 카드를 찾아 단어를 완성하세요.

단어 듣기

| -orrow | -ield | -uiet | -omework |
| -eady | -eart | -olite | -kin |

1 숙제 h _____
2 공손한 p _____
3 피부 s _____
4 조용한 q _____
5 심장 h _____
6 준비된 r _____
7 들판 f _____
8 빌리다 b _____

B 다음 문장을 우리말로 표현할 때 빈칸에 알맞은 우리말 뜻을 쓰세요.

1 I have a question. ▸ 나는 _____이 있어.

2 Milk is good for your bones. ▸ 우유는 너의 _____에 좋아.

3 May I use the phone? ▸ 제가 그 전화기를 _____ 될까요?

4 We can see a forest there. ▸ 우리는 그곳에서 _____을 볼 수 있어.

5 Be patient! ▸ _____져!

Let's Play

C 우리말 뜻이나 그림에 맞는 단어로 퍼즐을 완성하세요.

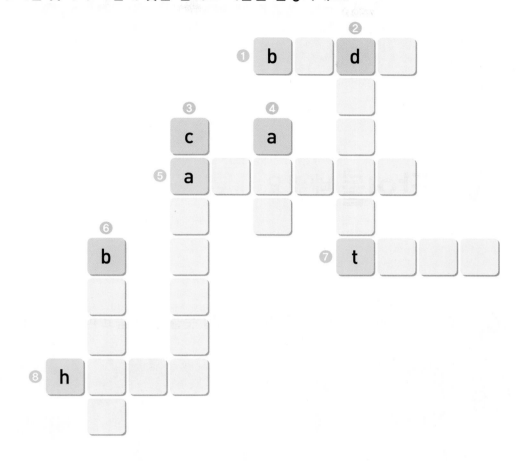

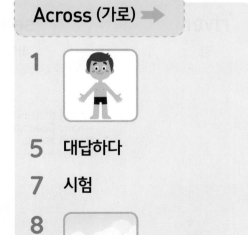

Across (가로) ➡

1

5 대답하다

7 시험

8

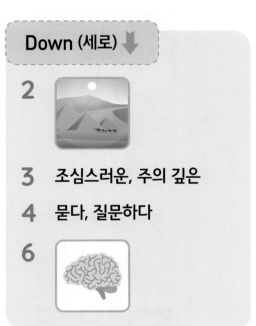

Down (세로) ⬇

2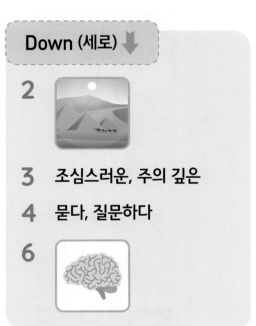

3 조심스러운, 주의 깊은

4 묻다, 질문하다

6

16 We went to the lake.

단어를 배워요

Listen & Speak

A 다음 그림 카드를 보면서 단어와 우리말 뜻을 함께 듣고 따라 말하세요.

단어 듣기

lake

호수

river

강

sea

바다

> sea는 일반적인 바다이고, ocean은 Pacific Ocean(태평양) 같은 매우 큰 바다를 의미해요.

beach

해변, 바닷가

island

섬

ocean

바다, 대양

B 다음 단어를 읽고 빠진 철자를 채운 후, 단어와 우리말 뜻을 쓰세요.

lake [레이크] → ☐☐ke

lake 뜻 ☐

river [리버r] → ☐iv☐☐

river 뜻 ☐

sea [씨이] → ☐e☐

sea 뜻 ☐

beach [비이취] → b☐☐ch

beach 뜻 ☐

→ s는 소리가 나지 않아요.

island [아일런드] → i☐la☐☐

island 뜻 ☐

ocean [오우션] → ☐☐e☐n

ocean 뜻 ☐

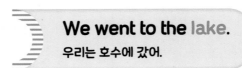
Read & Match

A 다음 그림에 맞게 색으로 된 알맞은 단어와 우리말 뜻을 연결하세요.

문장 듣기

1  • • We went to the ocean. • • 대양

2  • • We went to the beach. • • 섬

3  • • We went to the lake. • • 호수

4  • • We went to the island. • • 강

5  • • We went to the sea. • • 해변

6  • • We went to the river. • • 바다

배운 단어로 문장을 이해해요!

> 이미 지나간 과거의 일을 나타낼 때는 단어의 형태가 바뀌는데, go(가다)의 과거형은 went(갔다)예요.

> **ex** We go to the beach. 우리는 해변에 가. ➡ We went to the beach. 우리는 해변에 갔어.

> to는 '~으로[에]'의 뜻으로, go to ~는 '~에 가다', went to ~는 '~에 갔다'라는 뜻이에요.

Choose & Write

B

다음 우리말에 맞게 알맞은 단어를 골라 문장을 완성하세요.

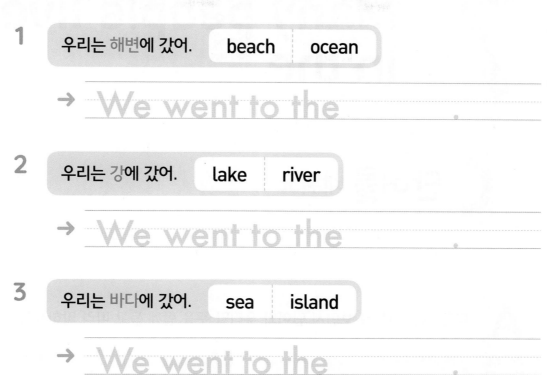

1 우리는 해변에 갔어.   beach | ocean

→ We went to the _____ .

2 우리는 강에 갔어.   lake | river

→ We went to the _____ .

3 우리는 바다에 갔어.   sea | island

→ We went to the _____ .

Write & Speak

C

다음 우리말에 맞게 카드를 배열한 후, 완성된 문장을 큰 소리로 읽으세요.

1 우리는 호수에 갔어.

the lake | we | . | went to

→ _____

2 우리는 섬에 갔어.

. | went to | the island | we

→ _____

Many people live in the town.

단어를 배워요

Listen & Speak

A 다음 그림 카드를 보면서 단어와 우리말 뜻을 함께 듣고 따라 말하세요.

단어 듣기

town

소도시, 읍

city

도시

country

나라, 국가

> country는 '시골'이라는 뜻도 있어요.

world

세계, 세상

people

사람들

live

살다, 생활하다

76

B 다음 단어를 읽고 빠진 철자를 채운 후, 단어와 우리말 뜻을 쓰세요.

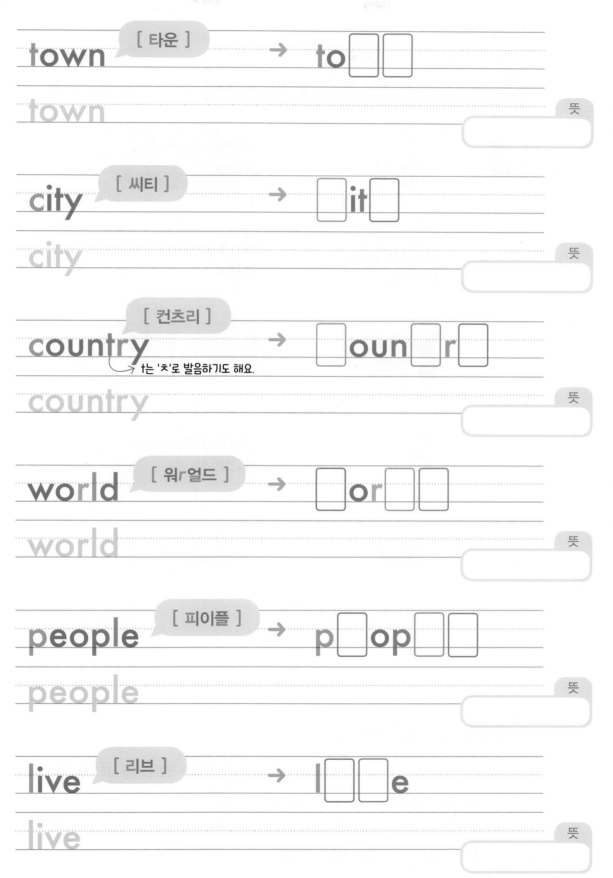

town [타운] → to⬜⬜

town 뜻

city [씨티] → ⬜it⬜

city 뜻

country [컨츠리] → ⬜oun⬜r⬜

↳ t는 'ㅊ'로 발음하기도 해요.

country 뜻

world [워r얼드] → ⬜or⬜⬜

world 뜻

people [피이플] → p⬜op⬜⬜

people 뜻

live [리브] → l⬜⬜e

live 뜻

Read & Match

A 다음 그림에 맞게 색으로 된 알맞은 단어와 우리말 뜻을 연결하세요.

1 • • Many people live in the city. • 소도시

2 • • Many people live in the world. • 나라

3 • • Many people live in the country. • 도시

4 • • Many people live in the town. • 세계

5 • • Many people live in the town. • 사람들

배운 단어로 문장을 이해해요!

> many ~는 '많은 ~(들)'이라는 뜻으로, many 뒤에는 항상 두 개 이상의 다수를 나타내는 말이 와요.

　ex **many people** 많은 사람들　**many animals** 많은 동물들

> live in ~은 '~에 살다'라는 뜻으로, Many people live in ~은 '많은 사람들이 ~에 산다'라는 뜻이에요.

　ex **Many people live in the city.** 많은 사람들이 도시에 살아.

Choose & Write

B 다음 우리말에 맞게 알맞은 단어를 골라 문장을 완성하세요.

1 많은 사람들이 소도시에 살아. town | country

→ Many people live in the ____.

2 많은 사람들이 세계에 살아. word | world

→ Many people live in the ____.

3 많은 사람들이 도시에 살아. city | country

→ Many people live in the ____.

Write & Speak

C 다음 우리말에 맞게 카드를 배열한 후, 완성된 문장을 큰 소리로 읽으세요.

1 많은 사람들이 나라에 살아.

the country | . | many people | live in

→ ____

2 많은 사람들이 도시에 살아.

live in | many people | . | the city

→ ____

18 She was excited.

단어를 배워요

A 다음 그림 카드를 보면서 단어와 우리말 뜻을 함께 듣고 따라 말하세요.

단어 듣기

excited
흥분한, 신이 난

worried
걱정하는

surprised
놀란

scared
두려워하는

shocked
충격을 받은

B 다음 단어를 읽고 빠진 철자를 채운 후, 단어와 우리말 뜻을 쓰세요.

[익싸이티드]

excited → e☐☐ite☐

excited

뜻 ☐

[워어리드]

worried → wo☐☐i☐d

worried

뜻 ☐

[써r프라이즈드]

surprised → ☐☐rpr☐sed

surprised

뜻 ☐

[스케어r드]

scared → s☐☐red

scared

뜻 ☐

[쉬약트]

shocked → ☐ho☐ke☐

shocked

뜻 ☐

문장으로 확인해요

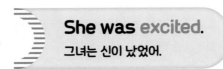

She was excited.
그녀는 신이 났었어.

Read & Choose

A 다음 문장을 읽고, 색으로 된 단어에 맞는 우리말 뜻을 고르세요.

문장 듣기

1 She was shocked. ············

두려워하는

충격을 받은

2 He was worried. ············

걱정하는

놀란

3 She was excited. ············

신이 난

충격을 받은

4 He was scared. ············

걱정하는

두려워하는

5 She was surprised. ············

놀란

신이 난

배운 단어로 문장을 이해해요!

> She[He] was ~는 '그녀[그]는 ~였다'라는 뜻으로, was는 과거의 일을 나타낼 때 써요.

ex He is worried. 그는 걱정해. 〈현재〉 → He was worried. 그는 걱정했어. 〈과거〉

> He나 She는 사람을 나타내는 다른 단어로 바꿔 쓸 수 있어요.

ex I was shocked. 나는 충격 받았어.

My mom was surprised. 나의 엄마는 놀랐어.

B

다음에서 알맞은 단어를 골라 우리말에 맞게 문장을 완성하세요.

| excited | worried | surprised | scared | shocked |

1 그는 두려웠어.

He was .

2 그녀는 충격을 받았어.

She was .

3 그녀는 놀랐어.

She was .

C

다음 우리말에 맞게 카드를 배열한 후, 완성된 문장을 큰 소리로 읽으세요.

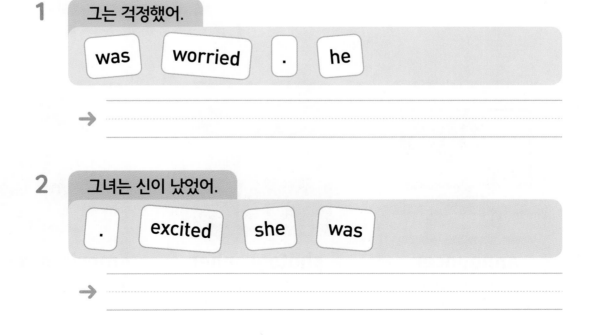

1 그는 걱정했어.

was   worried   .   he

→

2 그녀는 신이 났었어.

.   excited   she   was

→

My dream is to be a musician.

단어를 배워요

단어 듣기

A Listen & Speak
다음 그림 카드를 보면서 단어와 우리말 뜻을 함께 듣고 따라 말하세요.

musician
뮤지션, 음악가

comedian
코미디언, 희극배우

announcer
아나운서, 해설자

photographer
사진사

movie director
영화감독

B 다음 단어를 읽고 빠진 철자를 채운 후, 단어와 우리말 뜻을 쓰세요.

[뮤우지션]

musician → m☐si☐i☐n

musician

뜻 ☐

[커미이디언]

comedian → ☐om☐dia☐

comedian

뜻 ☐

[어나운써r]

announcer → ann☐☐n☐er

announcer

뜻 ☐

[뻐타그러뻐r]

photographer → phot☐gra☐☐er

photographer

뜻 ☐

[무우비 디렉터r]

movie director → movie di☐e☐tor

movie director

뜻 ☐

A Read & Write

다음 문장을 읽고, 색으로 된 단어에 맞는 우리말 뜻을 골라 쓰세요.

문장 듣기

| 뮤지션 | 코미디언 | 아나운서 | 사진사 | 영화감독 |

1 My dream is to be an announcer.

내 꿈은 _____가 되는 거야.

2 My dream is to be a musician.

내 꿈은 _____이 되는 거야.

3 My dream is to be a photographer.

내 꿈은 _____가 되는 거야.

4 My dream is to be a comedian.

내 꿈은 _____이 되는 거야.

5 My dream is to be a movie director.

내 꿈은 _____이 되는 거야.

배운 단어로 문장을 이해해요!

> dream은 '꿈', be는 '~이 되다'라는 뜻으로, My dream is to be a[an] ~은 '내 꿈은 ~이 되는 거야'라는 뜻이에요. 장래희망에 대해 말할 때 쓰는 표현이에요.

A What is your dream? 네 꿈은 뭐니?

B My dream is to be a comedian. 내 꿈은 코미디언이 되는 거야.

86

Look & Write

B 다음 그림에 맞게 주어진 철자를 배열하여 문장을 완성하세요.

1

n a d i e m o ~~c~~

→ My dream is to be a c   .

2

m e v o i ~~d~~ t e r o i c r

→ My dream is to be a m   d   .

3

~~n~~ ~~n~~ n r e c a u o

→ My dream is to be an ann   .

Write & Speak

C 다음 카드를 이용하여 우리말에 맞게 문장을 완성한 후, 큰 소리로 읽으세요.

(to be)   (my dream is)   (a musician)

(my dream is)   (a photographer)   (to be)

1 내 꿈은 뮤지션이 되는 거야.

2 내 꿈은 사진사가 되는 거야.

20

I'm fixing the bike now.

단어를 배워요

Listen & Speak

A 다음 그림 카드를 보면서 단어와 우리말 뜻을 함께 듣고 따라 말하세요.

단어 듣기

fix

고치다, 수선하다

wash

씻다, 세탁하다

carry

운반하다, 나르다

move

옮기다

bake

(빵을) 굽다

B 다음 단어를 읽고 빠진 철자를 채운 후, 단어와 우리말 뜻을 쓰세요.

fix [삑스] → □ i □

fix

뜻 [   ]

wash [워쉬] → □ a □ □

wash

뜻 [   ]

carry [캐리] → □ arr □

carry

뜻 [   ]

move [무우브] → m □ v □

move

뜻 [   ]

bake [베이크] → b □ k □

bake

뜻 [   ]

문장으로 확인해요

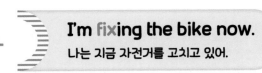

I'm fixing the bike now.
나는 지금 자전거를 고치고 있어.

Read & Choose

A 다음 문장을 읽고, 색으로 된 단어에 맞는 우리말 뜻을 고르세요.

문장 듣기

1

I'm **bak**ing cookies now.
→ bake

굽다
고치다

2

They're **carry**ing the boxes now.

옮기다
나르다

3

I'm **fix**ing the bike now.

고치다
씻다

4

They're **mov**ing the table now.
→ move

옮기다
굽다

5
I'm **wash**ing the dishes now.

나르다
씻다

배운 단어로 문장을 이해해요!

> I'm[They're] 뒤에 오는 말에 -ing가 붙으면 '~하고 있다'라는 뜻이 되어 현재 진행 중인 일을 나타내요.

> **ex** I fix the bike. 나는 자전거를 고쳐. ➡ **I'm fixing the bike.** 나는 자전거를 고치고 있어.

> now는 '지금'이라는 뜻으로, 바로 지금을 강조해요.

> bake나 move처럼 -e로 끝나는 단어를 진행 중인 말로 바꿀 때는 e를 지우고 -ing를 붙여요.

> **ex** bake ➡ baking (O) bakeing (X)

B 다음에서 알맞은 단어를 골라 우리말에 맞게 문장을 완성하세요.

| fixing | washing | carrying | moving | baking |

1 나는 지금 접시들을 씻고 있어.

→ I'm   the dishes now.

2 나는 지금 쿠키들을 굽고 있어.

→ I'm   cookies now.

3 나는 지금 자전거를 고치고 있어.

→ I'm   the bike now.

C 다음 우리말에 맞게 카드를 배열한 후, 완성된 문장을 큰 소리로 읽으세요.

1 그들은 지금 식탁을 옮기고 있어.

the table   moving   now.   they're

→

2 그들은 지금 상자들을 나르고 있어.

now.   the boxes   they're   carrying

→

Review | 16-20 |

A 단어 발음을 듣고, 우리말 뜻에 맞는 카드를 찾아 단어를 완성하세요.

단어 듣기

-ash   -ity   -eople   -usician

-xcited   -urprised   -ove   -each

1 놀란 s_____
2 흥분한 e_____
3 해변 b_____
4 옮기다 m_____
5 씻다 w_____
6 사람들 p_____
7 도시 c_____
8 음악가 m_____

B 다음 문장을 우리말로 표현할 때 빈칸에 알맞은 우리말 뜻을 쓰세요.

1 We went to the river.
우리는 _____에 갔어.

2 Many people live in the town.
많은 사람들이 _____에 살아.

3 He was worried.
그는 _____.

4 My dream is to be a movie director.
내 꿈은 _____이 되는 거야.

5 I'm fixing the bike now.
나는 지금 자전거를 _____있어.

Let's Play

C 그림에 알맞은 단어를 쓴 후, 각 번호에 해당하는 알파벳으로 문장을 완성하세요.

1
s __①__ __ __ __ __②__ __

2
__③__ __ __ __ d

3
__④__ __ __

4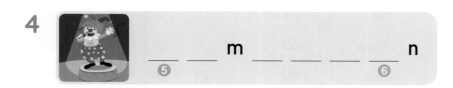
__ __ m __⑤__ __ __ __ __⑥__ n

5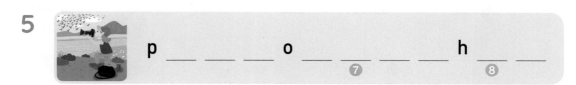
p __ __ __ o __ __⑦__ __ __ h __⑧__ __

6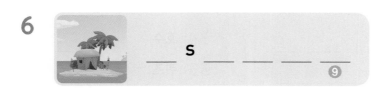
__ s __ __ __ __⑨__

__①__ __②__ __③__ a s __④__ __⑤__ __⑥__ __⑦__ __⑧__ __⑨__ .

Self-check! 자신이 외운 16~20의 단어 개수 ☐ 1~10개 ☐ 11~19개 ☐ 20~27개

93

실력 Test

A **Step 1** 다음 우리말 뜻에 알맞은 단어에 ✓ 하세요.

01	미술	☐ P.E.	☐ art	12	심장	☐ brain	☐ heart
02	독일	☐ Spain	☐ Germany	13	준비된	☐ ready	☐ polite
03	말하다	☐ speak	☐ travel	14	들판	☐ field	☐ hill
04	여행	☐ trip	☐ holiday	15	해변	☐ beach	☐ sea
05	접시	☐ knife	☐ dish	16	도시	☐ country	☐ city
06	가난한	☐ poor	☐ slow	17	흥분한	☐ excited	☐ worried
07	역사	☐ Korean	☐ history	18	고치다	☐ wash	☐ fix
08	성, 궁궐	☐ castle	☐ street	19	수업, 반	☐ class	☐ room
09	소금	☐ sugar	☐ salt	20	만나다	☐ visit	☐ meet
10	시험	☐ quiz	☐ test	21	불어	☐ French	☐ France
11	빌리다	☐ borrow	☐ use	22	옮기다	☐ move	☐ carry

Step 2 다음 우리말 뜻에 알맞은 단어를 쓰세요.

23 사막 _____
24 주의 깊은 _____
25 몸, 신체 _____
26 대답하다 _____
27 숙제 _____
28 소스, 양념 _____
29 왕, 국왕 _____
30 목걸이 _____
31 코미디언 _____
32 방학 _____
33 사회 _____

34 호수 _____
35 퀴즈 _____
36 두려워하는 _____
37 함께하다 _____
38 (빵을) 굽다 _____
39 이탈리아어 _____
40 포크 _____
41 강한, 힘센 _____
42 착용하다 _____
43 젓가락 _____
44 영화감독 _____

B

Step 1 다음 단어에 알맞은 우리말 뜻에 ✔ 하세요.

01	fast	☐ 느린	☐ 빠른		12	forest	☐ 산	☐ 숲
02	island	☐ 궁	☐ 섬		13	skin	☐ 피부	☐ 심장
03	town	☐ 소도시	☐ 도시		14	people	☐ 동물들	☐ 사람들
04	bone	☐ 피	☐ 뼈		15	pepper	☐ 후추	☐ 기름
05	weak	☐ 약한	☐ 강한		16	sea	☐ 바다	☐ 강
06	knife	☐ 칼	☐ 숟가락		17	Spain	☐ 스페인	☐ 스페인의
07	the U.K.	☐ 미국	☐ 영국		18	call	☐ 만나다	☐ 전화하다
08	queen	☐ 왕	☐ 여왕		19	travel	☐ 여행하다	☐ 놀다
09	ring	☐ 반지	☐ 팔찌		20	music	☐ 미술	☐ 음악
10	Italy	☐ 이탈리아	☐ 이탈리아어		21	German	☐ 독일	☐ 독일의
11	world	☐ 지구	☐ 세계		22	slow	☐ 느린	☐ 가난한

Step 2 다음 단어에 알맞은 우리말 뜻을 쓰세요.

23	holiday	_____	34	concert	_____
24	princess	_____	35	shocked	_____
25	live	_____	36	oil	_____
26	visit	_____	37	earring	_____
27	surprised	_____	38	wash	_____
28	ocean	_____	39	worried	_____
29	mountain	_____	40	polite	_____
30	country	_____	41	ask	_____
31	use	_____	42	announcer	_____
32	try on	_____	43	patient	_____
33	photographer	_____	44	presentation	_____

실력 Test

C

Step 1 다음 우리말에 맞게 빈칸에 알맞은 단어를 쓰세요.

01	너는 스페인어를 말할 수 있니?	Can you speak _____?
02	그는 허리띠를 차고 있어.	He is wearing a _____.
03	제가 당신의 연필을 빌려도 될까요?	May I _____ your pencil?
04	달걀은 너의 두뇌에 좋아.	Eggs are good for your _____.
05	우리는 그곳에서 언덕을 볼 수 있어.	We can see a _____ there.
06	그들은 지금 상자들을 나르고 있어.	They're _____ing the boxes now.
07	내 꿈은 뮤지션이 되는 거야.	My dream is to be a _____.
08	많은 사람들이 도시에 살아.	Many people live in the _____.
09	나는 프랑스를 여행할 예정이야.	I'm going to travel to _____.
10	성 안에 왕자가 있어.	There is a _____ in the castle.

Step 2 다음 영어 문장에 맞게 빈칸에 알맞은 우리말 뜻을 쓰세요.

11	**Do you like P.E. class?**	너는 _____ 수업을 좋아하니?
12	**How was the movie?**	그 _____ 는 어땠니?
13	**A spoon is on the table.**	_____ 이 식탁 위에 있어.
14	**Is the man rich?**	그 남자는 _____?
15	**I'll help Sam tonight.**	나는 오늘밤 샘을 _____ 거야.
16	**Add some sugar.**	약간의 _____ 을 넣어라.
17	**I have a question.**	나는 _____ 이 있어.
18	**Be quiet!**	_____ 해!
19	**We went to the river.**	우리는 _____ 에 갔어.
20	**He was scared.**	그는 _____.

완자

공부력

정답

초등 영어 **영단어 5B**

정답
QR 코드

완자

공부력 가이드

완자 공부력 시리즈는
앞으로도 계속 출간될 예정입니다.

국어
맞춤법
바로 쓰기
1~2학년용
4책

쓰기력

전과목
어휘
1~6학년용
12책

전과목
한자
어휘
1~6학년용
12책

영어
파닉스
1~2학년용
2책

영어
영단어
3~6학년용
8책

어휘력

국어
독해
1~6학년용
12책

한국사
독해
인물편
3~6학년용
4책

한국사
독해
시대편
3~6학년용
4책

독해력

수학
계산
1~6학년용
12책

계산력

완자 공부력 시리즈로 공부 근육을 키워요!

매일 성장하는
초등 자기개발서
ᵂ 완자
공부력

학습의 기초가 되는 읽기, 쓰기, 셈하기와 관련된
공부력을 키워야 여러 교과를 터득하기 쉬워집니다.
또한 어휘력과 독해력, 쓰기력, 계산력을 바탕으로 한
'공부력'은 자기주도 학습으로 상당한 단계까지 올라갈 수
있는 밑바탕이 되어 줍니다. 그래서 매일 꾸준한 학습이
가능한 '**완자 공부력 시리즈**'로 공부하면 **자기주도 학습이**
가능한 튼튼한 공부 근육을 키울 수 있을 것이라 확신합니다.

효과적인 공부력 강화 계획을 세워요!

○ 학년별 공부 계획
내 학년에 맞게 꾸준하게 공부 계획을 세워요!

		1-2학년	3-4학년	5-6학년
기본	독해	국어 독해 1A 1B 2A 2B	국어 독해 3A 3B 4A 4B	국어 독해 5A 5B 6A 6B
	계산	수학 계산 1A 1B 2A 2B	수학 계산 3A 3B 4A 4B	수학 계산 5A 5B 6A 6B
	어휘	전과목 어휘 1A 1B 2A 2B	전과목 어휘 3A 3B 4A 4B	전과목 어휘 5A 5B 6A 6B
		파닉스 1 2	영단어 3A 3B 4A 4B	영단어 5A 5B 6A 6B
확장	어휘	전과목 한자 어휘 1A 1B 2A 2B	전과목 한자 어휘 3A 3B 4A 4B	전과목 한자 어휘 5A 5B 6A 6B
	쓰기	맞춤법 바로 쓰기 1A 1B 2A 2B		
	독해		한국사 독해 인물편 1 2 3 4	
			한국사 독해 시대편 1 2 3 4	

시기별 공부 계획

학기 중에는 **기본**, 방학 중에는 **기본 + 확장**으로 공부 계획을 세워요!

방학 중			
학기 중			확장
기본			
독해	계산	어휘	어휘, 쓰기, 독해
국어 독해	수학 계산	전과목 어휘	전과목 한자 어휘
		파닉스(1~2학년) 영단어(3~6학년)	맞춤법 바로 쓰기(1~2학년) 한국사 독해(3~6학년)

예시 초1 학기 중 공부 계획표 주 5일 하루 3과목 (45분)

월	화	수	목	금
국어 독해	국어 독해	국어 독해	국어 독해	국어 독해
수학 계산	수학 계산	수학 계산	수학 계산	수학 계산
전과목 어휘	파닉스	전과목 어휘	전과목 어휘	파닉스

예시 초4 방학 중 공부 계획표 주 5일 하루 4과목 (60분)

월	화	수	목	금
국어 독해	국어 독해	국어 독해	국어 독해	국어 독해
수학 계산	수학 계산	수학 계산	수학 계산	수학 계산
전과목 어휘	영단어	전과목 어휘	전과목 어휘	영단어
한국사 독해 인물편	전과목 한자 어휘	한국사 독해 인물편	전과목 한자 어휘	한국사 독해 인물편

초등 필수 영단어 권별 목록

01	It is a desk.	• desk 책상 • chair 의자 • sofa 소파 • bed 침대 • table 식탁
02	Go.	• go 가다 • come 오다 • stop 멈추다 • sit 앉다 • stand 서다
03	This is my eye.	• eye 눈 • ear 귀 • nose 코 • mouth 입 • face 얼굴
04	I have a pencil.	• pencil 연필 • ruler 자 • pen 펜 • textbook 교과서 • eraser 지우개 • have 가지다
05	It is red.	• red 빨간색 • blue 파란색 • green 초록색 • yellow 노란색 • black 검은색
06	I like apples.	• apple 사과 • banana 바나나 • orange 오렌지 • grape 포도 • pear 배 • like 좋아하다
07	Do you have a dog?	• dog 개 • cat 고양이 • bird 새 • rabbit 토끼 • fish 물고기
08	It is my book.	• book 책 • doll 인형 • robot 로봇 • ball 공 • bat 방망이
09	I can sing.	• sing 노래하다 • swim 수영하다 • cook 요리하다 • skate 스케이트를 타다 • ski 스키를 타다
10	It is big.	• big (크기가) 큰 • small (크기가) 작은 • long (길이가) 긴 • short (길이가) 짧은
11	I don't like onions.	• onion 양파 • carrot 당근 • potato 감자 • tomato 토마토 • corn 옥수수
12	Is it a pig?	• pig 돼지 • cow 소 • horse 말 • chicken 닭 • duck 오리
13	This is my mom.	• mom 엄마 • dad 아빠 • sister 여자 형제(언니, 누나, 여동생) • brother 남자 형제(형, 오빠, 남동생) • family 가족
14	I don't have a crayon.	• crayon 크레용 • notebook 공책 • pencil case 필통 • glue 풀 • scissors 가위
15	I want candy.	• candy 사탕 • ice cream 아이스크림 • pie 파이 • chocolate 초콜릿 • dessert 디저트 • want 원하다
16	That is a car.	• car 자동차 • bus 버스 • train 기차 • ship 배 • airplane 비행기
17	Look at the sun.	• sun 해 • moon 달 • cloud 구름 • star 별 • sky 하늘 • look 보다
18	We buy cheese.	• cheese 치즈 • bread 빵 • ham 햄 • butter 버터 • jam 잼 • buy 사다
19	It is sunny.	• sunny 화창한 • rainy 비가 오는 • snowy 눈이 오는 • cloudy 흐린, 구름이 낀 • windy 바람이 부는 • foggy 안개가 낀
20	Don't run.	• run 달리다, 뛰다 • talk 말하다 • touch 만지다 • drink 마시다 • enter 들어오다

3B
단어 수: 101개

01	**This is a bag.**	• bag 가방 • camera 카메라 • clock 시계 • album 앨범 • umbrella 우산
02	**It's a pink ball.**	• pink 분홍색 • white 흰색 • brown 갈색 • gray 회색 • purple 보라색
03	**How many monkeys?**	• monkey 원숭이 • tiger 호랑이 • lion 사자 • bear 곰 • panda 판다
04	**I have one book.**	• one 1, 하나 • two 2, 둘 • three 3, 셋 • four 4, 넷 • five 5, 다섯
05	**I am six years old.**	• six 6, 여섯 • seven 7, 일곱 • eight 8, 여덟 • nine 9, 아홉 • ten 10, 열
06	**Touch your hand.**	• hand 손 • neck 목 • arm 팔 • leg 다리 • foot 발
07	**Do you like lemons?**	• lemon 레몬 • melon 멜론 • kiwi 키위 • peach 복숭아 • strawberry 딸기
08	**I can't dance.**	• dance 춤추다 • jump 점프하다 • dive 다이빙하다 • fly 날다 • drive 운전하다
09	**I drink milk.**	• milk 우유 • juice 주스 • water 물 • soda 탄산음료 • tea 차
10	**She is tall.**	• tall (키가) 큰 • short (키가) 작은 • old 나이가 많은 • young 어린 • pretty 예쁜 • ugly 못생긴
11	**Is this your cap?**	• cap 모자 • skirt 치마 • dress 원피스, 드레스 • shirt 셔츠 • coat 코트
12	**Let's play together.**	• play 놀다 • walk 걷다 • clean 청소하다 • work 일하다 • eat 먹다 • together 함께
13	**Look at the flower.**	• flower 꽃 • tree 나무 • leaf 나뭇잎 • plant 식물 • rainbow 무지개
14	**We eat pizza.**	• pizza 피자 • salad 샐러드 • rice 밥, 쌀 • steak 스테이크 • spaghetti 스파게티
15	**I'm happy.**	• happy 행복한 • sad 슬픈 • angry 화난 • hungry 배고픈 • sleepy 졸리운
16	**It's warm.**	• warm 따뜻한 • hot 더운 • cool 시원한 • cold 추운
17	**He is a doctor.**	• doctor 의사 • nurse 간호사 • cook 요리사 • farmer 농부 • pilot 조종사
18	**Good morning.**	• morning 아침 • noon 정오 • afternoon 오후 • evening 저녁 • night 밤 • good 좋은
19	**Open the door, please.**	• door 문 • window 창문 • open 열다 • close 닫다 • push 밀다 • pull 당기다
20	**There is a mouse.**	• mouse 쥐 • snake 뱀 • turtle 거북이 • frog 개구리 • iguana 이구아나

01	I love my mother.	• mother 어머니 • father 아버지 • grandmother 할머니 • grandfather 할아버지 • parents 부모 • love 사랑하다
02	This is my head.	• head 머리 • tooth 이 • shoulder 어깨 • finger 손가락 • toe 발가락
03	Here is a brush.	• brush 붓 • watch 손목시계 • basket 바구니 • paper 종이 • tape (접착용) 테이프
04	Is she a dentist?	• dentist 치과 의사 • singer 가수 • dancer 댄서, 무용가 • baker 제빵사 • driver 운전사
05	It's time for breakfast.	• breakfast 아침 식사 • school 학교 • lunch 점심 식사 • dinner 저녁 식사 • bed 취침 (시간) • time 시간
06	Let's play soccer.	• soccer 축구 • baseball 야구 • basketball 농구 • tennis 테니스 • badminton 배드민턴 • play 경기를 하다
07	Are you busy?	• busy 바쁜 • full 배부른 • sick 아픈 • tired 피곤한 • thirsty 목마른
08	Do you like chicken?	• chicken 닭고기 • fish 생선, 물고기 • pork 돼지고기 • beef 소고기 • meat 고기 • like 좋아하다
09	He is eleven years old.	• eleven 11, 열하나 • twelve 12, 열둘 • thirteen 13, 열셋 • fourteen 14, 열넷 • fifteen 15, 열다섯
10	There are sixteen pencils.	• sixteen 16, 열여섯 • seventeen 17, 열일곱 • eighteen 18, 열여덟 • nineteen 19, 열아홉 • twenty 20, 스물 • pencil 연필
11	It's my cake.	• cake 케이크 • candle 초 • present 선물 • birthday 생일 • party 파티
12	Do you know the boy?	• boy 소년 • girl 소녀 • man 남자 • woman 여자 • gentleman 신사 • lady 숙녀 • know 알다
13	Look at the giraffe.	• giraffe 기린 • wolf 늑대 • elephant 코끼리 • fox 여우 • zebra 얼룩말 • look 보다
14	He is handsome.	• handsome 잘생긴 • beautiful 아름다운 • fat 뚱뚱한 • thin 마른 • cute 귀여운
15	I am listening.	• listen 듣다 • read 읽다 • draw (연필로) 그리다 • paint (물감으로) 그리다 • cut 자르다
16	Put on your hat.	• hat (테가 있는) 모자 • scarf 스카프, 목도리 • jacket 재킷, (셔츠 위에 입는) 상의 • pants 바지 • shoes 신발 • put on ~을 입다 • take off ~을 벗다
17	I'm going to the zoo.	• zoo 동물원 • park 공원 • bank 은행 • hospital 병원 • market 시장 • go 가다
18	Do you want some soup?	• soup 수프 • curry 카레 • hamburger 햄버거 • egg 달걀 • cookie 쿠키 • want 원하다 • some 약간의
19	I can get there by bicycle.	• bicycle 자전거 • subway 지하철 • taxi 택시 • boat 보트, (작은) 배 • helicopter 헬리콥터
20	I want a bottle of water.	• bottle 병, 통 • bowl 그릇, 사발 • cup 컵, 잔 • glass (유리)잔 • water 물 • rice 밥, 쌀 • tea 차 • milk 우유

01	What is your name?	• name 이름 • hobby 취미 • dream 꿈 • address 주소 • number 번호, 숫자 • phone number 전화번호
02	There is a picture.	• picture 그림, 사진 • mirror 거울 • fan 선풍기 • lamp 램프, 등 • vase 꽃병
03	It's a roof.	• roof 지붕 • wall 벽 • floor 바닥 • room 방 • house 집
04	This is a blackboard.	• blackboard 칠판 • locker 사물함 • student 학생 • teacher 선생님 • classroom 교실
05	He is my uncle.	• uncle (외)삼촌, 이모부, 고모부 • aunt 이모, 고모, (외)숙모 • cousin 사촌 • son 아들 • daughter 딸
06	Where is the library?	• library 도서관 • church 교회 • bakery 제과점 • post office 우체국 • police station 경찰서
07	It's on the desk.	• on ~ 위에 • under ~ 아래에 • in ~ 안에 • next to ~ 옆에 • desk 책상 • bag 가방
08	I don't like ants.	• ant 개미 • bee 벌 • spider 거미 • butterfly 나비 • bug 벌레, 작은 곤충
09	He is a scientist.	• scientist 과학자 • writer 작가 • actor 배우 • designer 디자이너 • model 모델
10	Can you play the piano?	• piano 피아노 • guitar 기타 • violin 바이올린 • flute 플루트 • cello 첼로 • play (악기를) 연주하다
11	How much are the socks?	• socks 양말 • jeans 청바지 • shorts 반바지 • gloves 장갑 • mittens 벙어리장갑
12	She is sleeping.	• sleep (잠을) 자다 • study 공부하다 • cry 울다 • smile 웃다, 미소 짓다 • write 쓰다
13	The wall is high.	• high 높은 • low 낮은 • old 오래된 • new 새로운
14	It's one thirty.	• thirty 30, 서른 • forty 40, 마흔 • fifty 50, 쉰 • twenty-five 25, 스물다섯 • o'clock ~시 (정각)
15	It's sixty dollars.	• sixty 60, 예순 • seventy 70, 일흔 • eighty 80, 여든 • ninety 90, 아흔 • hundred 100, 백 • thousand 1000, 천 • dollar 달러
16	She has a baby.	• baby 아기 • child 아이, 어린이 • friend 친구 • husband 남편 • wife 아내 • have ~이 있다
17	I enjoy camping.	• camping 캠핑 • hiking 하이킹 • jogging 조깅 • swimming 수영 • fishing 낚시 • enjoy 즐기다
18	It takes three minutes.	• minute 분 • hour 시간 • day 일, 하루 • week 주, 일주일 • month 달, 월, 개월 • year 해, 년(年) • take (시간이) 걸리다
19	It's Monday.	• Monday 월요일 • Tuesday 화요일 • Wednesday 수요일 • Thursday 목요일 • Friday 금요일 • Saturday 토요일 • Sunday 일요일
20	I can't find my key.	• key 열쇠 • wallet 지갑 • drone 드론, 무인 항공기 • glasses 안경 • cell phone 휴대전화 • find 찾다, 발견하다

초등 필수 영단어 완결판 본문

01	Whose kite is this?	• kite 연 • jump rope 줄넘기 줄 • purse 지갑 • balloon 풍선 • backpack 배낭
02	Can you kick the ball?	• kick (발로) 차다 • hit (공을) 치다 • throw 던지다 • catch 잡다 • pass 건네주다, 패스하다
03	I am in the bedroom.	• bedroom 침실 • living room 거실 • bathroom 화장실, 욕실 • kitchen 부엌 • dining room 식당
04	There is a stove in the kitchen.	• stove 가스레인지 • sink 싱크대, 개수대 • oven 오븐 • pan 팬, 프라이팬 • pot 냄비
05	Where is the hotel?	• hotel 호텔 • museum 박물관 • bookstore 서점 • theater 극장, 영화관 • department store 백화점
06	It's beside my house.	• beside ~ 옆에 • in front of ~ 앞에 • behind ~ 뒤에 • across from ~ 맞은편에 • between ~ 사이에
07	My shoes are clean.	• clean 깨끗한 • dirty 더러운 • dry 마른 • wet 젖은 • cheap (값이) 싼 • expensive (값이) 비싼
08	Which way is east?	• east 동쪽 • west 서쪽 • south 남쪽 • north 북쪽
09	I am from Korea.	• Korea 한국 • China 중국 • Japan 일본 • the U.S.A. 미국 • Canada 캐나다
10	This is a Korean flag.	• Korean 한국의, 국어 • Chinese 중국의, 중국어 • Japanese 일본의, 일어 • American 미국의 • Canadian 캐나다의 • flag 깃발
11	My favorite subject is English.	• English 영어 • math 수학 • science 과학 • subject 과목 • favorite 가장 좋아하는
12	Mary is a smart girl.	• smart 똑똑한 • kind 친절한 • shy 수줍음이 많은 • honest 정직한 • brave 용감한
13	I want to be a chef.	• chef 요리사, 주방장 • painter 화가 • firefighter 소방관 • police officer 경찰관 • vet 수의사
14	It smells good.	• smell 냄새가 나다 • sound 들리다 • taste 맛이 나다 • feel 느끼다 • look 보이다
15	Do you like hippos?	• hippo 하마 • parrot 앵무새 • kangaroo 캥거루 • penguin 펭귄 • cheetah 치타 • animal 동물
16	The building is very big.	• building 건물, 빌딩 • tower 탑, 타워 • bridge 다리 • palace 궁, 궁전 • street 거리, 길
17	Can you turn on the computer?	• computer 컴퓨터 • television 텔레비전 • radio 라디오 • light 전등, 불빛 • smartphone 스마트폰 • turn on (전자기기 등을) 켜다 • turn off (전자기기 등을) 끄다
18	Let's go bowling.	• bowling 볼링 • surfing 서핑, 파도타기 • in-line skating 인라인 스케이트 타기 • cycling 사이클링, 자전거 타기 • snowboarding 스노보드 타기
19	This pumpkin is fresh.	• pumpkin 호박 • cucumber 오이 • cabbage 양배추 • garlic 마늘 • vegetable 채소 • fresh 신선한
20	I want to make a kite.	• make 만들다 • grow 키우다, 재배하다 • learn 배우다 • win 이기다 • collect 수집하다, 모으다 • game 게임 • sticker 스티커

5B

단어 수: 105개

01	**Do you like art class?**	• art 미술, 예술 • music 음악 • P.E. 체육 • history 역사 • social studies 사회 • class 수업, 반
02	**I will call Sam tonight.**	• call 전화하다 • meet 만나다 • visit 방문하다 • help 돕다, 도와주다 • join 함께하다 • tonight 오늘밤
03	**I'm going to travel to France.**	• France 프랑스 • Germany 독일 • Spain 스페인 • Italy 이탈리아 • the U.K. 영국 • travel 여행하다
04	**Can you speak French?**	• French 불어, 프랑스의 • German 독일어, 독일의 • Spanish 스페인어, 스페인의 • Italian 이탈리아어, 이탈리아의 • speak 말하다
05	**How was your trip?**	• trip 여행 • vacation 방학 • holiday 휴일, 명절 • concert 공연, 연주회 • movie 영화
06	**A dish is on the table.**	• dish 접시 • fork 포크 • knife 칼 • spoon 숟가락 • chopsticks 젓가락
07	**Is the man strong?**	• strong 강한, 힘센 • weak 약한 • fast 빠른 • slow 느린 • rich 부유한 • poor 가난한
08	**He is wearing a ring.**	• ring 반지 • necklace 목걸이 • earring 귀걸이 • belt 허리띠, 벨트 • wear 착용하다
09	**There is a king in the castle.**	• king 왕, 국왕 • queen 여왕, 왕비 • prince 왕자 • princess 공주 • castle 성, 궁궐
10	**Add some salt.**	• salt 소금 • pepper 후추 • sugar 설탕 • oil 기름, 식용유 • sauce 소스, 양념 • add 더하다, 첨가하다
11	**I have homework.**	• homework 숙제 • question 질문 • test 시험 • quiz 퀴즈, 간단한 시험 • presentation 발표
12	**May I borrow your pencil?**	• borrow 빌리다 • use 사용하다 • try on (한번) 입어보다 • ask 묻다, 질문하다 • answer 대답하다
13	**Eggs are good for your brain.**	• brain 뇌, 두뇌 • heart 심장 • bone 뼈 • skin 피부 • body 몸, 신체
14	**Be careful!**	• careful 조심스러운, 주의 깊은 • quiet 조용한 • patient 참을성[인내심]이 있는 • ready 준비된 • polite 공손한, 예의 바른
15	**We can see a hill there.**	• hill 언덕 • mountain 산 • field 들판 • desert 사막 • forest 숲
16	**We went to the lake.**	• lake 호수 • river 강 • sea 바다 • beach 해변, 바닷가 • island 섬 • ocean 바다, 대양
17	**Many people live in the town.**	• town 소도시, 읍 • city 도시 • country 나라, 국가 • world 세계, 세상 • people 사람들 • live 살다, 생활하다
18	**She was excited.**	• excited 흥분한, 신이 난 • worried 걱정하는 • surprised 놀란 • scared 두려워하는 • shocked 충격을 받은
19	**My dream is to be a musician.**	• musician 뮤지션, 음악가 • comedian 코미디언, 희극배우 • announcer 아나운서, 해설자 • photographer 사진사 • movie director 영화감독
20	**I'm fixing the bike now.**	• fix 고치다, 수선하다 • wash 씻다, 세탁하다 • carry 운반하다, 나르다 • move 옮기다 • bake (빵을) 굽다

6A 단어 수: 108개

초등필수 영단어 권말 부록

01	I like spring the most.	• spring 봄 • summer 여름 • fall 가을 • winter 겨울 • season 계절
02	Is this mango delicious?	• mango 망고 • pineapple 파인애플 • watermelon 수박 • plum 자두 • fruit 과일 • delicious 맛있는
03	I'd like to pasta, please.	• pasta 파스타 • noodles 국수 • sandwich 샌드위치 • French fries 감자튀김 • fried rice 볶음밥 • order 주문하다
04	My friend Roy is so healthy.	• healthy 건강한 • calm 차분한 • popular 인기 있는 • lucky 운이 좋은 • funny 재미있는
05	He lives in Mexico.	• Mexico 멕시코 • India 인도 • Vietnam 베트남 • Egypt 이집트 • Australia 호주
06	Are you Mexican?	• Mexican 멕시코인(의) • Indian 인도인(의) • Vietnamese 베트남인(의) • Egyptian 이집트인(의) • Australian 호주인(의)
07	My elbow hurts.	• elbow 팔꿈치 • back 등 • knee 무릎 • ankle 발목 • hurt 아프다
08	Its shape is a circle.	• circle 원, 동그라미 • square 정사각형 • triangle 삼각형 • rectangle 직사각형 • oval 타원 • shape 모양
09	I'm in the sixth grade.	• first 첫 번째의 • second 두 번째의 • third 세 번째의 • fourth 네 번째의 • fifth 다섯 번째의 • sixth 여섯 번째의 • grade 학년
10	It's on the seventh floor.	• seventh 일곱 번째의 • eighth 여덟 번째의 • ninth 아홉 번째의 • tenth 열 번째의 • hundredth 백 번째의 • floor 층
11	How can I get to the gym?	• gym 체육관 • restaurant 음식점, 식당 • supermarket 슈퍼마켓 • airport 공항 • city hall 시청
12	Go straight.	• straight 곧장, 직진하여 • right 오른쪽으로 • left 왼쪽으로 • turn 돌다, 회전하다 • block 블록, 구역
13	Do you believe him?	• believe 믿다 • hate 싫어하다 • miss 그리워하다 • understand 이해하다 • remember 기억하다
14	I love your boots.	• boots 부츠 • sneakers 운동화 • blouse 블라우스 • sweater 스웨터 • vest 조끼 • clothes 의류
15	I go swimming on weekdays.	• weekday 평일 • weekend 주말 • today 오늘 • yesterday 어제 • tomorrow 내일
16	That's easy.	• easy 쉬운 • difficult 어려운 • right 맞은, 옳은 • wrong 틀린, 잘못된 • great 대단한, 훌륭한 • important 중요한
17	My birthday is in January.	• January 1월 • February 2월 • March 3월 • April 4월 • May 5월 • June 6월
18	My dad's birthday is in July.	• July 7월 • August 8월 • September 9월 • October 10월 • November 11월 • December 12월
19	How often do you watch TV?	• watch 보다 • exercise 운동하다 • feed 먹이를 주다 • ride 타다 • practice 연습하다
20	I always watch TV.	• always 항상, 언제나 • usually 보통 • often 종종, 자주 • sometimes 이따금 • never 거의 ~않는

01	My dad is a soldier.	• soldier 군인 • astronaut 우주비행사 • lawyer 변호사 • engineer 기사, 기술자 • businessman 사업가
02	I'm writing a letter.	• letter 편지 • e-mail 전자우편 • story 이야기 • report 보고서 • diary 일기장, 일기
03	When is the school festival?	• school festival 학교 축제 • field trip 현장 학습 • New Year's Day 설날, 새해 첫 날 • Children's Day 어린이날 • Christmas 성탄절
04	The school festival is April eleventh.	• eleventh 열한 번째 • twelfth 열두 번째 • thirteenth 열세 번째 • twentieth 스무 번째 • twenty-first 스물한 번째
05	You should wear a helmet.	• helmet 안전모, 헬멧 • seat belt 안전벨트 • life jacket 구명조끼 • sunglasses 선글라스 • mask 마스크
06	You have a headache.	• headache 두통 • stomachache 복통 • toothache 치통 • runny nose 콧물 • fever 열
07	He has curly hair.	• curly 곱슬곱슬한 • straight 곧은, 곧게 뻗은 • blond 금발의 • wavy 물결모양의 • thick 숱이 많은 • hair 머리카락, (동물의) 털
08	How heavy!	• heavy 무거운 • deep 깊은 • soft 부드러운 • nice 좋은, 즐거운 • dark 어두운 • wonderful 훌륭한, 멋진
09	Mars is bigger than Mercury.	• Mercury 수성 • Venus 금성 • Earth 지구 • Mars 화성 • Jupiter 목성 • Saturn 토성 • space 우주
10	Is there a towel in the bathroom?	• towel 수건 • toothbrush 칫솔 • toothpaste 치약 • soap 비누 • shampoo 샴푸
11	Korea is in Asia.	• America 아메리카 • Europe 유럽 • Asia 아시아 • Africa 아프리카 • Oceania 오세아니아
12	I think it is interesting.	• interesting 재미있는 • boring 지루한 • dangerous 위험한 • safe 안전한 • different 다른 • think 생각하다
13	We need a new refrigerator.	• refrigerator 냉장고 • vacuum cleaner 진공청소기 • washing machine 세탁기 • microwave 전자레인지
14	We'll stay here.	• stay 머무르다 • leave 떠나다 • wait 기다리다 • return 돌아오다, 돌아가다 • arrive 도착하다
15	Give me a towel.	• give 주다 • show 보여주다 • teach 가르쳐주다 • tell 말해주다
16	The woman is a friendly vet.	• friendly 다정한 • clever 재치 있는, 영리한 • famous 유명한 • diligent 부지런한 • lazy 게으른
17	I enjoy eating sweet food.	• sweet 단, 달콤한 • salty 짠, 짭짤한 • spicy 매운, 매콤한 • sour 신, 시큼한 • bitter 쓴, 씁쓸한
18	Sharks live in the sea.	• shark 상어 • octopus 문어 • whale 고래 • starfish 불가사리 • dolphin 돌고래
19	Don't forget to lock the door.	• forget 잊다 • lock 잠그다 • send 보내다 • bring 가져오다 • take 가져가다 • finish 끝마치다
20	We should recycle bottles.	• recycle 재활용하다 • save 절약하다 • energy 에너지 • reuse 재사용하다 • pick up 줍다 • trash 쓰레기

정답

01

배운 단어를 확인해요!

art 미술, 예술
music 음악
P.E. 체육
history 역사
★ **social studies**
사회
class 수업, 반

★ social은 '사회의'라는 뜻으로, society(사회)에서 파생된 형용사이다.

A Read & Match

다음 그림에 맞게 색으로 된 알맞은 단어와 우리말 뜻을 연결하세요.

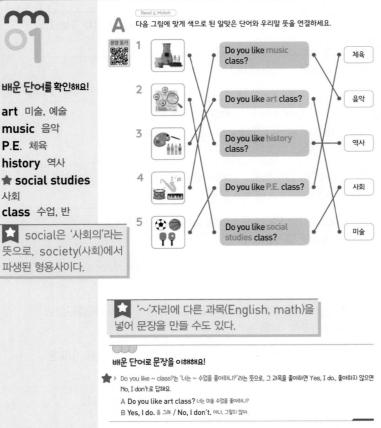

1 Do you like music class? — 체육
2 Do you like art class? — 음악
3 Do you like history class? — 역사
4 Do you like P.E. class? — 사회
5 Do you like social studies class? — 미술

★ '~'자리에 다른 과목(English, math)을 넣어 문장을 만들 수도 있다.

배운 단어로 문장을 이해해요!

★ > Do you like ~ class?는 '너는 ~ 수업을 좋아하니?'라는 뜻으로, 그 과목을 좋아하면 Yes, I do., 좋아하지 않으면 No, I don't로 답해요.
A Do you like art class? 너는 미술 수업을 좋아하니?
B Yes, I do. 응 그래. / No, I don't. 아니, 그렇지 않아.

B Choose & Write

다음 우리말에 맞게 알맞은 단어를 골라 문장을 완성하세요.

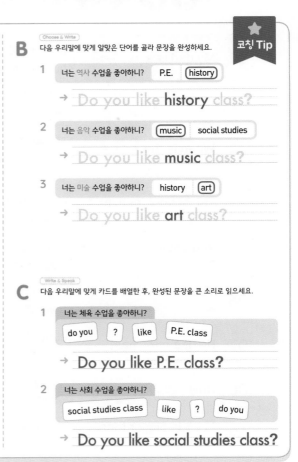

1 너는 역사 수업을 좋아하니? P.E. [history]
→ Do you like **history** class?

2 너는 음악 수업을 좋아하니? [music] social studies
→ Do you like **music** class?

3 너는 미술 수업을 좋아하니? history [art]
→ Do you like **art** class?

C Write & Speak

다음 우리말에 맞게 카드를 배열한 후, 완성된 문장을 큰 소리로 읽으세요.

1 너는 체육 수업을 좋아하니?
do you | ? | like | P.E. class
→ Do you like P.E. class?

2 너는 사회 수업을 좋아하니?
social studies class | like | ? | do you
→ Do you like social studies class?

02

배운 단어를 확인해요!

★ **call** 전화하다
meet 만나다
visit 방문하다
help 돕다, 도와주다
join 함께하다

★ call은 '(~라고) 부르다'라는 뜻도 있다.

A Read & Choose

다음 문장을 읽고, 색으로 된 단어에 맞는 우리말 뜻을 고르세요.

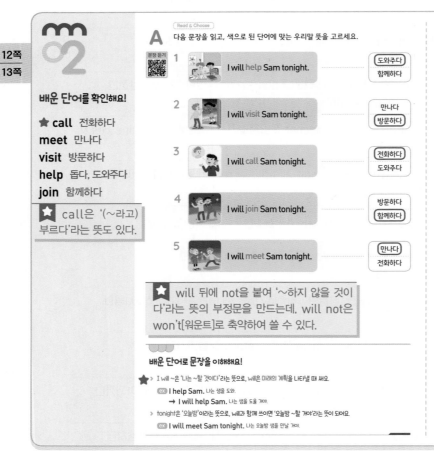

1 I will help Sam tonight. — 도와주다 / 함께하다
2 I will visit Sam tonight. — 만나다 / 방문하다
3 I will call Sam tonight. — 전화하다 / 도와주다
4 I will join Sam tonight. — 방문하다 / 함께하다
5 I will meet Sam tonight. — 만나다 / 전화하다

★ will 뒤에 not을 붙여 '~하지 않을 것이다'라는 뜻의 부정문을 만드는데, will not은 won't[워운트]로 축약하여 쓸 수 있다.

배운 단어로 문장을 이해해요!

★ > I will ~은 '나는 ~할 것이다'라는 뜻으로, will은 미래의 계획을 나타낼 때 써요.
예 I help Sam. 나는 샘을 도와.
→ I will help Sam. 나는 샘을 도울 거야.
> tonight은 '오늘밤'이라는 뜻으로, will과 함께 쓰이면 '오늘밤 ~할 거야'라는 뜻이 되어요.
예 I will meet Sam tonight. 나는 오늘밤 샘을 만날 거야.

B Choose & Write

다음에서 알맞은 단어를 골라 우리말에 맞게 문장을 완성하세요.

call meet visit help join

1 나는 오늘밤 샘을 만날 거야.
→ I will **meet** Sam tonight.

2 나는 오늘밤 샘을 도울 거야.
→ I will **help** Sam tonight.

3 나는 오늘밤 샘과 함께할 거야.
→ I will **join** Sam tonight.

C Write & Speak

다음 우리말에 맞게 카드를 배열한 후, 완성된 문장을 큰 소리로 읽으세요.

1 나는 오늘밤 샘에게 전화할 거야.
tonight. | Sam | will call | I
→ I will call Sam tonight.

2 나는 오늘밤 샘을 방문할 거야.
Sam | I | tonight. | will visit
→ I will visit Sam tonight.

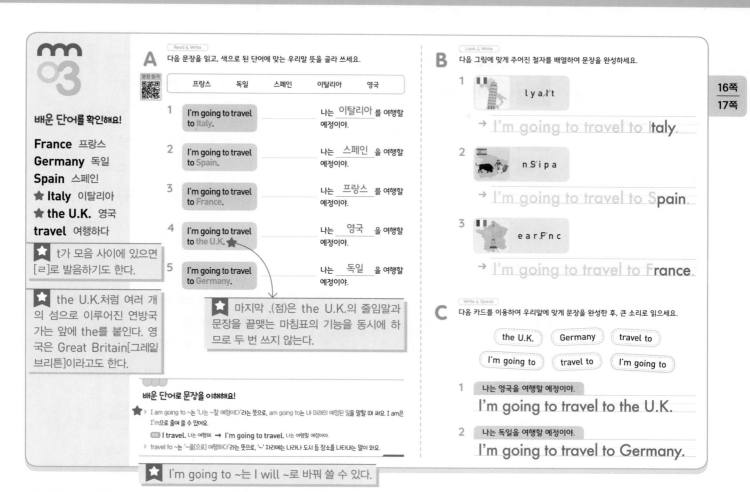

03

배운 단어를 확인해요!

France 프랑스
Germany 독일
Spain 스페인
★ Italy 이탈리아
★ the U.K. 영국
travel 여행하다

★ t가 모음 사이에 있으면 [ㄹ]로 발음하기도 한다.

★ the U.K.처럼 여러 개의 섬으로 이루어진 연방국가는 앞에 the를 붙인다. 영국은 Great Britain[그레잇 브리튼]이라고도 한다.

A Read & Write
다음 문장을 읽고, 색으로 된 단어에 맞는 우리말 뜻을 골라 쓰세요.

| 프랑스 | 독일 | 스페인 | 이탈리아 | 영국 |

1 I'm going to travel to Italy. ┄ 나는 이탈리아 를 여행할 예정이야.
2 I'm going to travel to Spain. ┄ 나는 스페인 을 여행할 예정이야.
3 I'm going to travel to France. ┄ 나는 프랑스 를 여행할 예정이야.
4 I'm going to travel to the U.K. ★ ┄ 나는 영국 을 여행할 예정이야.
5 I'm going to travel to Germany. ┄ 나는 독일 을 여행할 예정이야.

★ 마지막 .(점)은 the U.K.의 줄임말과 문장을 끝맺는 마침표의 기능을 동시에 하므로 두 번 쓰지 않는다.

배운 단어로 문장을 이해해요!

★ I am going to ~는 '나는 ~할 예정이다'라는 뜻으로, am going to는 내 미래의 예정된 일을 말할 때 써요. I am은 I'm으로 줄여 쓸 수 있어요.
예 I travel. 나는 여행해. ➡ I'm going to travel. 나는 여행할 예정이야.
› travel to ~는 '~을(으로) 여행하다'라는 뜻으로, '~' 자리에는 나라나 도시 등 장소를 나타내는 말이 와요.

★ I'm going to ~는 I will ~로 바꿔 쓸 수 있다.

B Look & Write
다음 그림에 맞게 주어진 철자를 배열하여 문장을 완성하세요.

1 l y a l t
→ I'm going to travel to Italy.

2 n S i p a
→ I'm going to travel to Spain.

3 e a r F n c
→ I'm going to travel to France.

C Write & Speak
다음 카드를 이용하여 우리말에 맞게 문장을 완성한 후, 큰 소리로 읽으세요.

the U.K. Germany travel to
I'm going to travel to I'm going to

1 나는 영국을 여행할 예정이야.
I'm going to travel to the U.K.

2 나는 독일을 여행할 예정이야.
I'm going to travel to Germany.

16쪽 / 17쪽

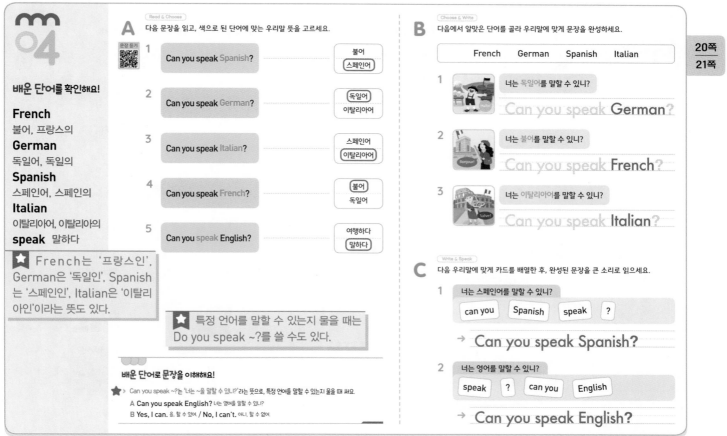

04

배운 단어를 확인해요!

French
불어, 프랑스의
German
독일어, 독일의
Spanish
스페인어, 스페인의
Italian
이탈리아어, 이탈리아의
speak 말하다

★ French는 '프랑스인', German은 '독일인', Spanish는 '스페인인', Italian은 '이탈리아인'이라는 뜻도 있다.

A Read & Choose
다음 문장을 읽고, 색으로 된 단어에 맞는 우리말 뜻을 고르세요.

1 Can you speak Spanish? ┄ [불어 / 스페인어]
2 Can you speak German? ┄ [독일어 / 이탈리아어]
3 Can you speak Italian? ┄ [스페인어 / 이탈리아어]
4 Can you speak French? ┄ [불어 / 독일어]
5 Can you speak English? ┄ [여행하다 / 말하다]

★ 특정 언어를 말할 수 있는지 물을 때는 Do you speak ~?를 쓸 수도 있다.

배운 단어로 문장을 이해해요!

★ Can you speak ~?는 '너는 ~을 말할 수 있니?'라는 뜻으로, 특정 언어를 말할 수 있는지 물을 때 써요.
A Can you speak English? 너는 영어를 말할 수 있니?
B Yes, I can. 응, 할 수 있어. / No, I can't. 아니, 할 수 없어.

B Choose & Write
다음에서 알맞은 단어를 골라 우리말에 맞게 문장을 완성하세요.

| French | German | Spanish | Italian |

1 너는 독일어를 말할 수 있니?
Can you speak German?

2 너는 불어를 말할 수 있니?
Can you speak French?

3 너는 이탈리아어를 말할 수 있니?
Can you speak Italian?

C Write & Speak
다음 우리말에 맞게 카드를 배열한 후, 완성된 문장을 큰 소리로 읽으세요.

1 너는 스페인어를 말할 수 있니?
can you Spanish speak ?
→ Can you speak Spanish?

2 너는 영어를 말할 수 있니?
speak ? can you English
→ Can you speak English?

20쪽 / 21쪽

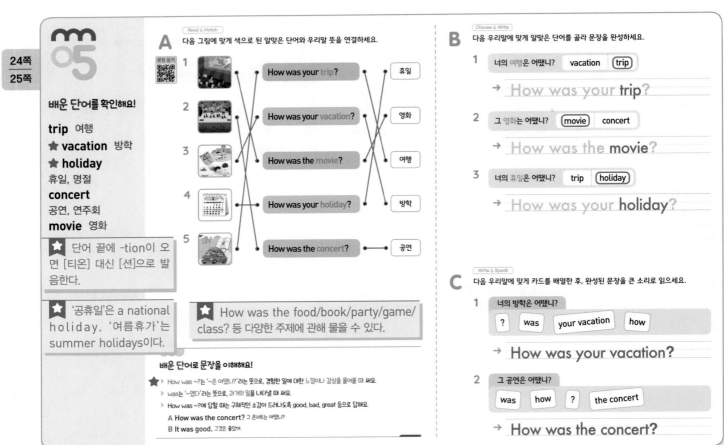

05

24쪽
25쪽

배운 단어를 확인해요!

trip 여행
★ vacation 방학
★ holiday
휴일, 명절
concert
공연, 연주회
movie 영화

★ 단어 끝에 -tion이 오면 [티온] 대신 [션]으로 발음한다.

★ '공휴일'은 a national holiday, '여름휴가'는 summer holidays이다.

★ How was the food/book/party/game/class? 등 다양한 주제에 관해 물을 수 있다.

배운 단어로 문장을 이해해요!

★ How was ~?는 '~은 어땠니?'라는 뜻으로, 경험한 일에 대한 느낌이나 감상을 물어볼 때 써요.
> was는 '~였다'라는 뜻으로, 과거의 일을 나타낼 때 써요.
> How was ~?에 답할 때는 구체적인 소감이 드러나도록 good, bad, great 등으로 답해요.
A How was the concert? 그 콘서트는 어땠니?
B It was good. 그것은 좋았어.

A (Read & Match) 다음 그림에 맞게 색으로 된 알맞은 단어와 우리말 뜻을 연결하세요.

1 How was your trip?   휴일
2 How was your vacation? 영화
3 How was the movie?   여행
4 How was your holiday?   방학
5 How was the concert?   공연

B (Choose & Write) 다음 우리말에 맞게 알맞은 단어를 골라 문장을 완성하세요.

1 너의 여행은 어땠니? [vacation | trip]
→ How was your trip?

2 그 영화는 어땠니? [movie | concert]
→ How was the movie?

3 너의 휴일은 어땠니? [trip | holiday]
→ How was your holiday?

C (Write & Speak) 다음 우리말에 맞게 카드를 배열한 후, 완성된 문장을 큰 소리로 읽으세요.

1 너의 방학은 어땠니?
[?] [was] [your vacation] [how]
→ How was your vacation?

2 그 공연은 어땠니?
[was] [how] [?] [the concert]
→ How was the concert?

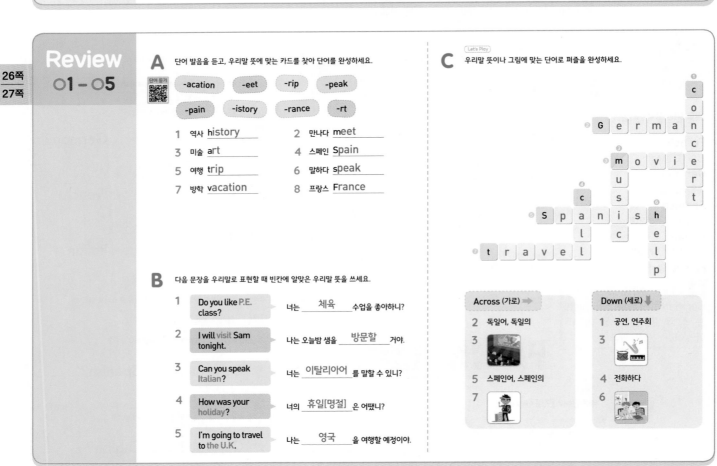

Review
01 - 05

26쪽
27쪽

A 단어 발음을 듣고, 우리말 뜻에 맞는 카드를 찾아 단어를 완성하세요.

[-acation] [-eet] [-rip] [-peak]
[-pain] [-istory] [-rance] [-rt]

1 역사 history   2 만나다 meet
3 미술 art   4 스페인 Spain
5 여행 trip   6 말하다 speak
7 방학 vacation   8 프랑스 France

B 다음 문장을 우리말로 표현할 때 빈칸에 알맞은 우리말 뜻을 쓰세요.

1 Do you like P.E. class? 너는 ___체육___ 수업을 좋아하니?
2 I will visit Sam tonight. 나는 오늘밤 샘을 ___방문할___ 거야.
3 Can you speak Italian? 너는 ___이탈리아어___ 를 말할 수 있니?
4 How was your holiday? 너의 ___휴일[명절]___ 은 어땠니?
5 I'm going to travel to the U.K. 나는 ___영국___ 을 여행할 예정이야.

C (Let's Play) 우리말 뜻이나 그림에 맞는 단어로 퍼즐을 완성하세요.

퍼즐:
- G e r m a n
- m o v i e
- S p a n i s h
- t r a v e l
- (세로) c o n c e r t
- m u s i c
- c l c
- h e l p

Across (가로) ➡
2 독일어, 독일의
3
5 스페인어, 스페인의
7

Down (세로) ⬇
1 공연, 연주회
3
4 전화하다
6

112

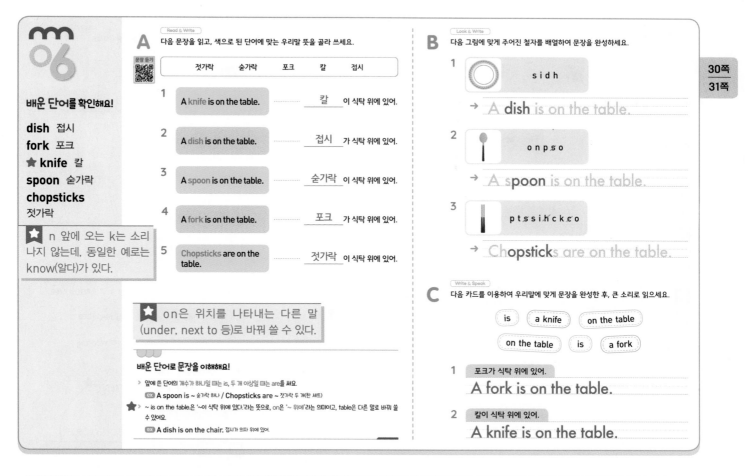

06

배운 단어를 확인해요!

dish 접시
fork 포크
★ **knife** 칼
spoon 숟가락
chopsticks
젓가락

★ n 앞에 오는 k는 소리 나지 않는데, 동일한 예로는 know(알다)가 있다.

A Read & Write
다음 문장을 읽고, 색으로 된 단어에 맞는 우리말 뜻을 골라 쓰세요.

젓가락	숟가락	포크	칼	접시

1 A knife is on the table. .... __칼__ 이 식탁 위에 있어.

2 A dish is on the table. .... __접시__ 가 식탁 위에 있어.

3 A spoon is on the table. .... __숟가락__ 이 식탁 위에 있어.

4 A fork is on the table. .... __포크__ 가 식탁 위에 있어.

5 Chopsticks are on the table. .... __젓가락__ 이 식탁 위에 있어.

★ on은 위치를 나타내는 다른 말 (under, next to 등)로 바꿔 쓸 수 있다.

배운 단어로 문장을 이해해요!

> 앞에 쓴 단어의 개수가 하나일 때는 is, 두 개 이상일 때는 are를 써요.
  EX A spoon is ~ 숟가락 하나 / Chopsticks are ~ 젓가락 두 개(한 세트)

★ ~ is on the table.은 '~이 식탁 위에 있다.'라는 뜻으로, on은 '~ 위에'라는 의미이고, table은 다른 말로 바꿔 쓸 수 있어요.
  EX A dish is on the chair. 접시가 의자 위에 있어.

B Look & Write
다음 그림에 맞게 주어진 철자를 배열하여 문장을 완성하세요.

30쪽
31쪽

1 s i d h
→ A **dish** is on the table.

2 o n p s o
→ A s**poon** is on the table.

3 p t s s i h c k c o
→ **Chopsticks** are on the table.

C Write & Speak
다음 카드를 이용하여 우리말에 맞게 문장을 완성한 후, 큰 소리로 읽으세요.

is	a knife	on the table
on the table	is	a fork

1 포크가 식탁 위에 있어.
A fork is on the table.

2 칼이 식탁 위에 있어.
A knife is on the table.

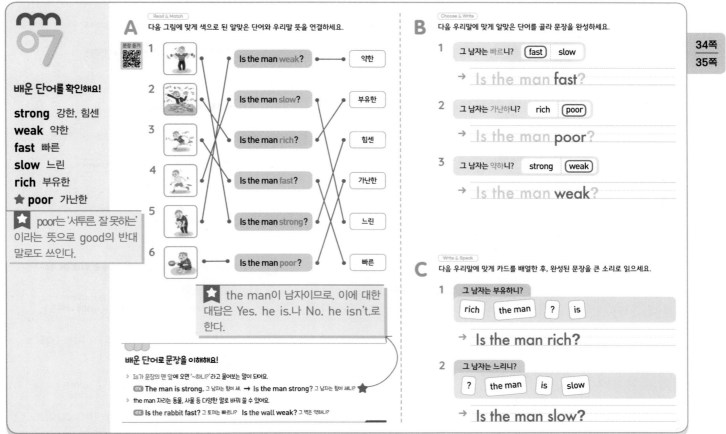

07

배운 단어를 확인해요!

strong 강한, 힘센
weak 약한
fast 빠른
slow 느린
rich 부유한
★ **poor** 가난한

★ poor는 '서투른, 잘 못하는' 이라는 뜻으로 good의 반대 말로도 쓰인다.

A Read & Match
다음 그림에 맞게 색으로 된 알맞은 단어와 우리말 뜻을 연결하세요.

1 Is the man weak? — 약한
2 Is the man slow? — 부유한
3 Is the man rich? — 힘센
4 Is the man fast? — 가난한
5 Is the man strong? — 느린
6 Is the man poor? — 빠른

★ the man이 남자이므로, 이에 대한 대답은 Yes, he is.나 No, he isn't.로 한다.

배운 단어로 문장을 이해해요!

> Is가 문장의 맨 앞에 오면 '~하니?'라고 물어보는 말이 돼요.
  EX The man is strong. 그 남자는 힘이 세. → Is the man strong? 그 남자는 힘이 세니? ★
> the man 자리는 동물, 사물 등 다양한 말로 바꿔 쓸 수 있어요.
  EX Is the rabbit fast? 그 토끼는 빠르니? Is the wall weak? 그 벽은 약하니?

B Choose & Write
다음 우리말에 맞게 알맞은 단어를 골라 문장을 완성하세요.

34쪽
35쪽

1 그 남자는 빠르니? [fast] slow
→ Is the man **fast**?

2 그 남자는 가난하니? rich [poor]
→ Is the man **poor**?

3 그 남자는 약하니? strong [weak]
→ Is the man **weak**?

C Write & Speak
다음 우리말에 맞게 카드를 배열한 후, 완성된 문장을 큰 소리로 읽으세요.

1 그 남자는 부유하니?

rich	the man	?	is

→ Is the man rich?

2 그 남자는 느리니?

?	the man	is	slow

→ Is the man slow?

08

38쪽
39쪽

배운 단어를 확인해요!

ring 반지
★ necklace
목걸이
★ earring 귀걸이
belt 허리띠, 벨트
wear 착용하다

> ★ necklace는 neck (목)과 lace(끈)가 합쳐진 말이다.

> ★ earring은 ear(귀)와 ring(고리)이 합쳐진 말이다.

A Read & Write

다음 문장을 읽고, 색으로 된 단어에 맞는 우리말 뜻을 골라 쓰세요.

| 반지 | 목걸이 | 귀걸이 | 허리띠 |

1. He is wearing a belt. ········ 그는 허리띠 를 차고 있어.

2. She is wearing a necklace. ········ 그녀는 목걸이 를 하고 있어.

3. He is wearing a ring. ········ 그는 반지 를 끼고 있어.

4. She is wearing earrings. ········ 그녀는 귀걸이 를 하고 있어.

> ★ Is를 맨 앞에 두어 Is she[he] wearing ~?(그녀는[그는] ~을 착용하고 있니?)라는 의문문을 만들 수도 있다.

배운 단어로 문장을 이해해요!

> '~하고 있다'라고 진행 중인 의미를 나타낼 때는 am[are/is] + -ing의 형태를 써요.
> **ex** I am wearing a ring. 나는 반지를 끼고 있어.
> He is wearing a ring. 그는 반지를 끼고 있어.
> wear를 우리말로 해석할 때는 착용하는 옷이나 액세서리에 맞게 다르게 표현해요.
> **ex** wear a hat 모자를 쓰다   wear a shirt 셔츠를 입다   wear a ring 반지를 끼다

B Look & Write

다음 그림에 맞게 주어진 철자를 배열하여 문장을 완성하세요.

1. t e l b
→ He is wearing a **belt.**

2. n i g r
→ He is wearing a **ring.**

3. r e w a
→ He is **wear**ing a belt.

C Write & Speak

다음 카드를 이용하여 우리말에 맞게 문장을 완성한 후, 큰 소리로 읽으세요.

| earrings | she | a necklace |
| is wearing | she | is wearing |

1. 그녀는 귀걸이를 하고 있어.
She is wearing earrings.

2. 그녀는 목걸이를 하고 있어.
She is wearing a necklace.

> ★ an earring이라고 쓰면 한쪽 귀걸이만 착용하고 있다는 뜻이 되니 유의한다.

09

42쪽
43쪽

배운 단어를 확인해요!

king 왕, 국왕
queen 여왕, 왕비
prince 왕자
princess 공주
★ castle 성, 궁궐

> ★ -stle로 끝나는 단어의 t는 묵음이 된다.

A Read & Match

다음 그림에 맞게 색으로 된 알맞은 단어와 우리말 뜻을 연결하세요.

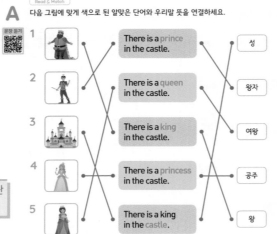

1. There is a prince in the castle. — 성
2. There is a queen in the castle. — 왕자
3. There is a king in the castle. — 여왕
4. There is a princess in the castle. — 공주
5. There is a king in the castle. — 왕

> ★ '~이 없다'라는 뜻의 부정을 나타낼 때는 There is not ~이나 There isn't ~를 쓴다.

배운 단어로 문장을 이해해요!

> There is ~ in the... 는 '~ 안에 ~이 있다'라는 뜻으로, in은 위치를 나타내는 다른 말로 바꿔 쓸 수 있어요.
> **ex** There is a queen next to the castle. 성 옆에 왕비가 있어.
> There is a princess in front of the castle. 성 앞에 공주가 있어.

B Choose & Write

다음 우리말에 맞게 알맞은 단어를 골라 문장을 완성하세요.

1. 성 안에 왕자가 있어. (prince / princess)
→ There is a **prince** in the castle.

2. 성 안에 왕이 있어. (king / prince)
→ There is a **king** in the castle.

3. 성 안에 왕비가 있어. (princess / queen)
→ There is a **queen** in the castle.

C Write & Speak

다음 우리말에 맞게 카드를 배열한 후, 완성된 문장을 큰 소리로 읽으세요.

1. 성 안에 공주가 있어.
| a princess | . | there is | in the castle |
→ There is a princess in the castle.

2. 성 안에 왕자가 있어.
| . | in the castle | a prince | there is |
→ There is a prince in the castle.

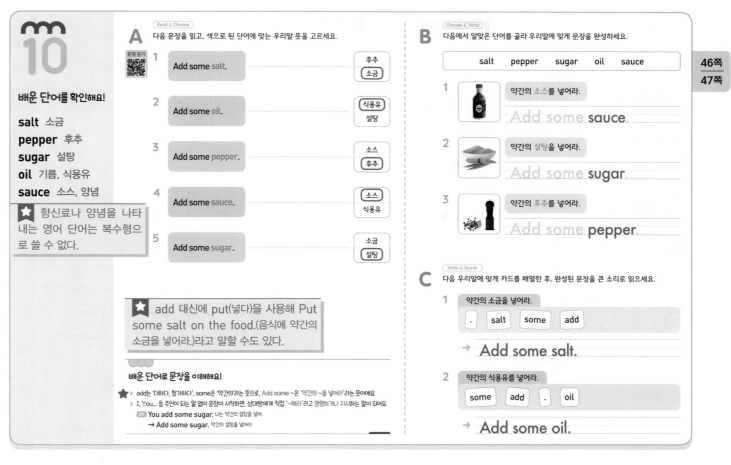

10

배운 단어를 확인해요!

salt 소금
pepper 후추
sugar 설탕
oil 기름, 식용유
sauce 소스, 양념

⭐ 향신료나 양념을 나타내는 영어 단어는 복수형으로 쓸 수 없다.

A Read & Choose

다음 문장을 읽고, 색으로 된 단어에 맞는 우리말 뜻을 고르세요.

1 Add some salt. — 후추 / 소금

2 Add some oil. — 식용유 / 설탕

3 Add some pepper. — 소스 / 후추

4 Add some sauce. — 소스 / 식용유

5 Add some sugar. — 소금 / 설탕

⭐ add 대신에 put(넣다)을 사용해 Put some salt on the food.(음식에 약간의 소금을 넣어라.)라고 말할 수도 있다.

배운 단어로 문장을 이해해요!

⭐ add는 '더하다, 첨가하다', some은 '약간의'라는 뜻으로, Add some ~은 '약간의 ~을 넣어라.'라는 뜻이에요.

> I, You... 등 주인이 되는 말 없이 문장이 시작하면, 상대방에게 직접 '~해라'라고 명령하거나 지시하는 말이 되어요.
예시 You add some sugar. 너는 약간의 설탕을 넣어.
→ Add some sugar. 약간의 설탕을 넣어라.

B Choose & Write

다음에서 알맞은 단어를 골라 우리말에 맞게 문장을 완성하세요.

| salt | pepper | sugar | oil | sauce |

1 약간의 소스를 넣어라.
Add some **sauce.**

2 약간의 설탕을 넣어라.
Add some **sugar.**

3 약간의 후추를 넣어라.
Add some **pepper.**

C Write & Speak

다음 우리말에 맞게 카드를 배열한 후, 완성된 문장을 큰 소리로 읽으세요.

1 약간의 소금을 넣어라.
. | salt | some | add
→ Add some salt.

2 약간의 식용유를 넣어라.
some | add | . | oil
→ Add some oil.

46쪽 / 47쪽

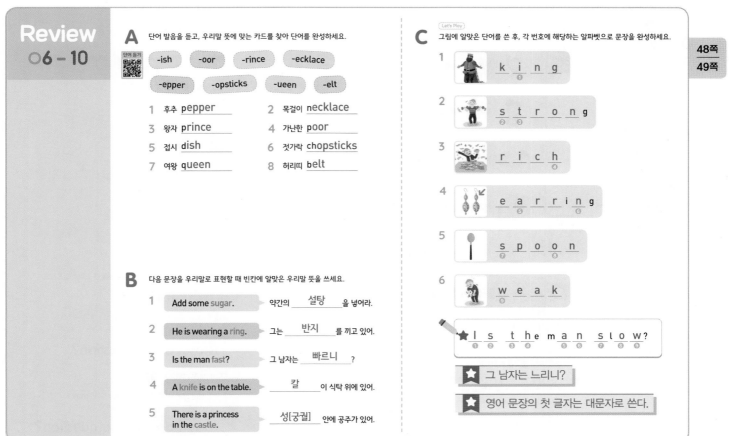

Review
○ 6 - 10

A 단어 발음을 듣고, 우리말 뜻에 맞는 카드를 찾아 단어를 완성하세요.

-ish | -oor | -rince | -ecklace
-epper | -opsticks | -ueen | -elt

1 후추 pepper   2 목걸이 necklace
3 왕자 prince   4 가난한 poor
5 접시 dish   6 젓가락 chopsticks
7 여왕 queen   8 허리띠 belt

B 다음 문장을 우리말로 표현할 때 빈칸에 알맞은 우리말 뜻을 쓰세요.

1 Add some sugar. — 약간의 __설탕__ 을 넣어라.

2 He is wearing a ring. — 그는 __반지__ 를 끼고 있어.

3 Is the man fast? — 그 남자는 __빠르니__ ?

4 A knife is on the table. — __칼__ 이 식탁 위에 있어.

5 There is a princess in the castle. — __성[궁궐]__ 안에 공주가 있어.

C 그림에 알맞은 단어를 쓴 후, 각 번호에 해당하는 알파벳으로 문장을 완성하세요.

1 k i n g
   ①

2 s t r o n g
   ② ③

3 r i c h
   ④

4 e a r r i n g
   ⑤   ⑥

5 s p o o n
   ⑦   ⑧

6 w e a k
   ⑨

⭐ I s t h e m a n s l o w ?
  ① ② ③ ④   ⑤ ⑥ ⑦ ⑧ ⑨

⭐ 그 남자는 느리니?

⭐ 영어 문장의 첫 글자는 대문자로 쓴다.

48쪽 / 49쪽

11

배운 단어를 확인해요!

homework 숙제
★ **question** 질문
test 시험
quiz
퀴즈, 간단한 시험
★ **presentation**
발표

★ -tion은 [션]으로 발음하는데, t 앞에 s가 올 경우 [천]으로 발음한다.

★ '보여 주다, 발표하다'라는 뜻의 동사 present[프리젠트]에서 파생된 명사이다.

A Read & Write
다음 문장을 읽고, 색으로 된 단어에 맞는 우리말 뜻을 골라 쓰세요.

| 숙제 | 질문 | 시험 | 퀴즈 | 발표 |

1 I have a question. ····· 나는 __질문__ 이 있어.

2 I have a quiz today. ····· 나는 오늘 __퀴즈__ 가 있어.

3 I have a test today. ····· 나는 오늘 __시험__ 이 있어.

4 I have homework. ····· 나는 __숙제__ 가 있어.

5 I have a presentation today. ····· 나는 오늘 __발표__ 가 있어.

★ have 앞에 do not[don't]를 넣은 I don't have ~는 '나는 ~이 없다'라는 부정의 의미를 나타낸다.

배운 단어로 문장을 이해해요!
> I have ~ (today).는 '나는 (오늘) ~이 있다.'라는 뜻으로, today는 '오늘'을 의미해요.
> have는 주로 '가지고 있다'라는 소유의 의미로 쓰지만, '~(할 일이나 일정)이 있다'라는 의미로도 써요.
> ex) I have a pen. 나는 펜을 가지고 있어.
> I have a test today. 나는 오늘 시험이 있어.
> homework는 셀 수 없는 것으로 취급하여 앞에 a를 쓰지 않아요.

B Look & Write
다음 그림에 맞게 주어진 철자를 배열하여 문장을 완성하세요.

1 t t s e
→ I have a **test** today.

2 q u o n e s t i
→ I have a **que**stion.

3 k w r e m k o o
→ I have h**omework**.

C Write & Speak
다음 카드를 이용하여 우리말에 맞게 문장을 완성한 후, 큰 소리로 읽으세요.

| today | a quiz | I have |
| today | I have | a presentation |

1 나는 오늘 퀴즈가 있어.
I have a quiz today.

2 나는 오늘 발표가 있어.
I have a presentation today.

12

배운 단어를 확인해요!

borrow 빌리다
use 사용하다
★ **try on**
(한번) 입어보다
ask 묻다, 질문하다
answer 대답하다

★ try는 '시도하다, ~해 보다'라는 뜻이다.

A Read & Choose
다음 문장을 읽고, 색으로 된 단어에 맞는 우리말 뜻을 고르세요.

1 May I ask a question? 대답하다 / **묻다**

2 May I use the phone? **사용하다** / 빌리다

3 May I borrow your pencil? **빌리다** / 입어보다

4 May I try on the dress? **입어보다** / 사용하다

5 May I answer the question? 질문하다 / **대답하다**

★ May I ~?를 Can I ~?로 바꿔 써도 상대방에게 허락을 요청하는 말이 되는데, May I ~?가 더 정중한 표현이다.

배운 단어로 문장을 이해해요!
★ May I ~?는 '제가 ~해도 될까요?'라는 뜻으로, 상대방에게 허락을 요청할 때 쓰는 표현이에요.
수락할 때는 Yes, you may., 수락하지 않을 때는 No, you may not.으로 답해요.
A May I use the phone? 제가 그 전화를 사용해도 될까요?
B Yes, you may. / Go ahead, please. 네, 그럼요.
No, you may not. 안 돼요.

B Choose & Write
다음에서 알맞은 단어를 골라 우리말에 맞게 문장을 완성하세요.

| ask | try on | borrow | answer | use |

1 제가 그 전화기를 사용해도 될까요?
→ May I **use** the phone?

2 제가 당신의 연필을 빌려도 될까요?
→ May I **borrow** your pencil?

3 제가 그 원피스를 한번 입어봐도 될까요?
→ May I **try on** the dress?

C Write & Speak
다음 우리말에 맞게 카드를 배열한 후, 완성된 문장을 큰 소리로 읽으세요.

1 제가 질문을 하나 해도 될까요?
| ask | a question | may I | ? |
→ May I ask a question?

2 제가 그 질문에 대답해도 될까요?
| ? | the question | answer | may I |
→ May I answer the question?

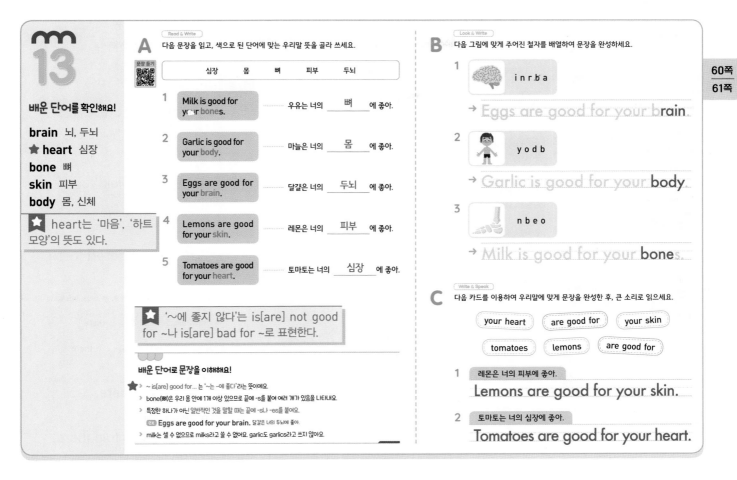

13

배운 단어를 확인해요!

brain 뇌, 두뇌
★ heart 심장
bone 뼈
skin 피부
body 몸, 신체

★ heart는 '마음', '하트 모양'의 뜻도 있다.

A Read & Write

다음 문장을 읽고, 색으로 된 단어에 맞는 우리말 뜻을 골라 쓰세요.

| 심장 | 몸 | 뼈 | 피부 | 두뇌 |

1. Milk is good for your bones. .... 우유는 너의 __뼈__ 에 좋아.
2. Garlic is good for your body. .... 마늘은 너의 __몸__ 에 좋아.
3. Eggs are good for your brain. .... 달걀은 너의 __두뇌__ 에 좋아.
4. Lemons are good for your skin. .... 레몬은 너의 __피부__ 에 좋아.
5. Tomatoes are good for your heart. .... 토마토는 너의 __심장__ 에 좋아.

★ '~에 좋지 않다'는 is[are] not good for ~나 is[are] bad for ~로 표현한다.

배운 단어로 문장을 이해해요!

★ ~ is[are] good for... 는 '~는 ~에 좋다'라는 뜻이에요.
▸ bone(뼈)은 우리 몸 안에 1개 이상 있으므로 끝에 -s를 붙여 여러 개가 있음을 나타내요.
▸ 특정한 하나가 아닌 일반적인 것을 말할 때는 끝에 -s나 -es를 붙여요.
  EX Eggs are good for your brain. 달걀은 너의 두뇌에 좋아.
▸ milk는 셀 수 없으므로 milks라고 쓸 수 없어요. garlic도 garlics라고 쓰지 않아요.

B Look & Write

다음 그림에 맞게 주어진 철자를 배열하여 문장을 완성하세요.

1. i n r b a
→ Eggs are good for your **brain**.

2. y o d b
→ Garlic is good for your **body**.

3. n b e o
→ Milk is good for your **bones**.

C Write & Speak

다음 카드를 이용하여 우리말에 맞게 문장을 완성한 후, 큰 소리로 읽으세요.

| your heart | are good for | your skin |
| tomatoes | lemons | are good for |

1. 레몬은 너의 피부에 좋아.
Lemons are good for your skin.

2. 토마토는 너의 심장에 좋아.
Tomatoes are good for your heart.

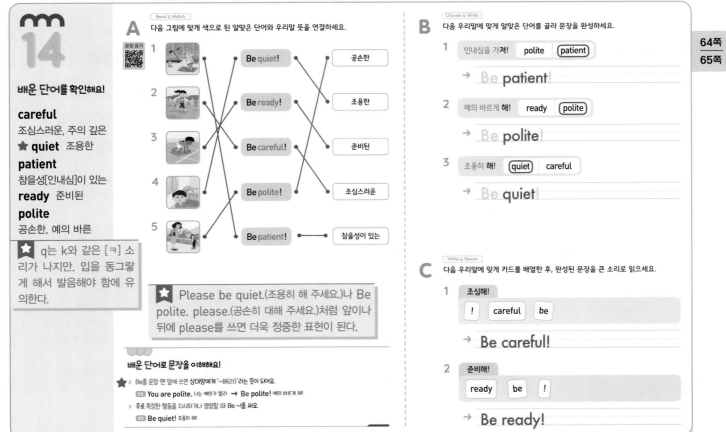

14

배운 단어를 확인해요!

careful
조심스러운, 주의 깊은
★ quiet 조용한
patient
참을성[인내심]이 있는
ready 준비된
polite
공손한, 예의 바른

★ q는 k와 같은 [ㅋ] 소리가 나지만, 입을 동그랗게 해서 발음해야 함에 유의한다.

A Read & Match

다음 그림에 맞게 색으로 된 알맞은 단어와 우리말 뜻을 연결하세요.

1. Be quiet! — 공손한
2. Be ready! — 조용한
3. Be careful! — 준비된
4. Be polite! — 조심스러운
5. Be patient! — 참을성이 있는

★ Please be quiet.(조용히 해 주세요.)나 Be polite, please.(공손히 대해 주세요.)처럼 앞이나 뒤에 please를 쓰면 더욱 정중한 표현이 된다.

배운 단어로 문장을 이해해요!

★ Be를 문장 맨 앞에 쓰면 상대방에게 '~해(라)'라는 뜻이 되어요.
  EX You are polite. 너는 예의가 발라. → Be polite! 예의 바르게 해!
▸ 주로 특정한 행동을 지시하거나 명령할 때 Be ~를 써요.
  EX Be quiet! 조용히 해!

B Choose & Write

다음 우리말에 맞게 알맞은 단어를 골라 문장을 완성하세요.

1. 인내심을 가져! polite / (patient)
→ Be patient!

2. 예의 바르게 해! ready / (polite)
→ Be polite!

3. 조용히 해! (quiet) / careful
→ Be quiet!

C Write & Speak

다음 우리말에 맞게 카드를 배열한 후, 완성된 문장을 큰 소리로 읽으세요.

1. 조심해!
! | careful | be
→ Be careful!

2. 준비해!
ready | be | !
→ Be ready!

15

배운 단어를 확인해요!

hill 언덕
★ **mountain** 산
field 들판
★ **desert** 사막
forest 숲

★ 특정 산을 언급할 때는 Mt. Halla(한라산)처럼 Mt.로 줄여 쓸 수 있다.

★ 철자는 비슷하지만 발음과 뜻이 다른 dessert(디저트, 후식)와 구별해야 한다.

A Read & Write

다음 문장을 읽고, 색으로 된 단어에 맞는 우리말 뜻을 골라 쓰세요.

| 언덕 | 산 | 들판 | 사막 | 숲 |

1 We can see a forest there. .... 우리는 그곳에서 __숲__ 을 볼 수 있어.

2 We can see a desert there. 우리는 그곳에서 __사막__ 을 볼 수 있어.

3 We can see a hill there. 우리는 그곳에서 __언덕__ 을 볼 수 있어.

4 We can see a field there. 우리는 그곳에서 __들판__ 을 볼 수 있어.

5 We can see a mountain there. 우리는 그곳에서 __산__ 을 볼 수 있어.

★ '~할 수 없다'는 cannot이나 축약형인 can't로 쓴다.

배운 단어로 문장을 이해해요!

★ › can은 '~할 수 있다', see는 '보다'라는 뜻으로, can see는 '볼 수 있다'라는 뜻이 되어요.
› there은 '거기에, 그곳에서'라는 뜻으로, 장소를 나타낼 때 문장 맨 끝에 써요.
› We can see ~ there는 '우리는 그곳에서 ~을 볼 수 있다.'라는 뜻이에요.

B Look & Write

다음 그림에 맞게 주어진 철자를 배열하여 문장을 완성하세요.

1 rofset
→ We can see a forest there.

2 ledif
→ We can see a field there.

3 dreets
→ We can see a desert there.

C Write & Speak

다음 카드를 이용하여 우리말에 맞게 문장을 완성한 후, 큰 소리로 읽으세요.

(a mountain) (a hill) (there)
(we can see) (we can see) (there)

1 우리는 그곳에서 언덕을 볼 수 있어.
We can see a hill there.

2 우리는 그곳에서 산을 볼 수 있어.
We can see a mountain there.

Review 11 – 15

A

단어 발음을 듣고, 우리말 뜻에 맞는 카드를 찾아 단어를 완성하세요.

(-orrow) (-ield) (-uiet) (-omework)
(-eady) (-eart) (-olite) (-kin)

1 숙제 homework
2 공손한 polite
3 피부 skin
4 조용한 quiet
5 심장 heart
6 준비된 ready
7 들판 field
8 빌리다 borrow

B

다음 문장을 우리말로 표현할 때 빈칸에 알맞은 우리말 뜻을 쓰세요.

1 I have a question. 나는 __질문__ 이 있어.

2 Milk is good for your bones. 우유는 너의 __뼈__ 에 좋아.

3 May I use the phone? 제가 그 전화기를 __사용해도__ 될까요?

4 We can see a forest there. 우리는 그곳에서 __숲__ 을 볼 수 있어.

5 Be patient! __인내심을 가__ 져!

C Let's Play

우리말 뜻이나 그림에 맞는 단어로 퍼즐을 완성하세요.

Across (가로) ➡	Down (세로) ⬇
1 	2 
5 대답하다	3 조심스러운, 주의 깊은
7 시험	4 묻다, 질문하다
8	6

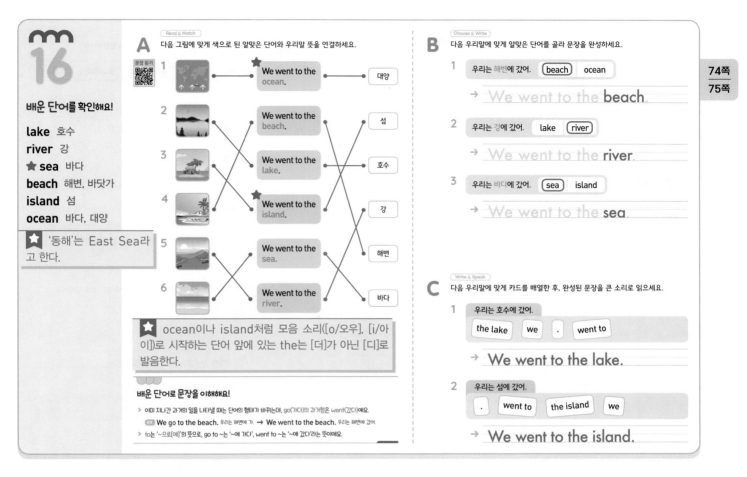

16

배운 단어를 확인해요!

lake 호수
river 강
★ sea 바다
beach 해변, 바닷가
island 섬
ocean 바다, 대양

★ '동해'는 East Sea라고 한다.

★ ocean이나 island처럼 모음 소리([o/오우], [i/아이])로 시작하는 단어 앞에 있는 the는 [더]가 아닌 [디]로 발음한다.

배운 단어로 문장을 이해해요!

› 이미 지나간 과거의 일을 나타낼 때는 단어의 형태가 바뀌는데, go(가다)의 과거형은 went(갔다)예요.
예 We go to the beach. 우리는 해변에 가. → We went to the beach. 우리는 해변에 갔어.
› to는 '~으로[에]'의 뜻으로, go to ~는 '~에 가다', went to ~는 '~에 갔다'라는 뜻이에요.

A Read & Match

다음 그림에 맞게 색으로 된 알맞은 단어와 우리말 뜻을 연결하세요.

문장 듣기

1 We went to the ocean. — 대양
2 We went to the beach. — 섬
3 We went to the lake. — 호수
4 We went to the island. — 강
5 We went to the sea. — 해변
6 We went to the river. — 바다

B Choose & Write

다음 우리말에 맞게 알맞은 단어를 골라 문장을 완성하세요.

1 우리는 해변에 갔어. [beach] ocean
→ We went to the **beach**.

2 우리는 강에 갔어. lake [river]
→ We went to the **river**.

3 우리는 바다에 갔어. [sea] island
→ We went to the **sea**.

C Write & Speak

다음 우리말에 맞게 카드를 배열한 후, 완성된 문장을 큰 소리로 읽으세요.

1 우리는 호수에 갔어.
the lake | we | . | went to
→ We went to the lake.

2 우리는 섬에 갔어.
. | went to | the island | we
→ We went to the island.

74쪽
75쪽

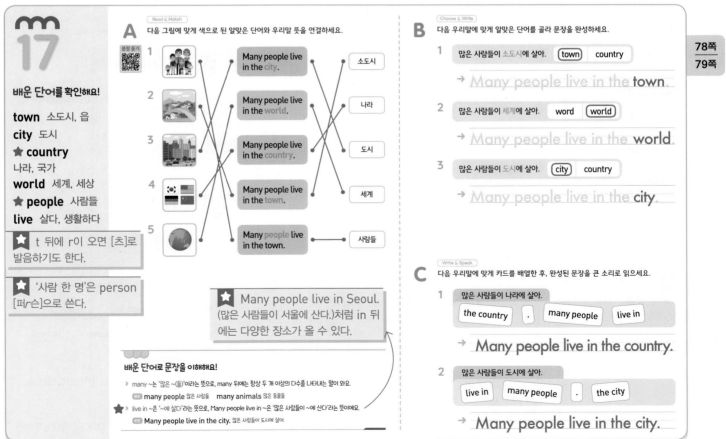

17

배운 단어를 확인해요!

town 소도시, 읍
city 도시
★ country 나라, 국가
world 세계, 세상
★ people 사람들
live 살다, 생활하다

★ t 뒤에 r이 오면 [츠]로 발음하기도 한다.

★ '사람 한 명'은 person [퍼r슨]으로 쓴다.

★ Many people live in Seoul. (많은 사람들이 서울에 산다.)처럼 in 뒤에는 다양한 장소가 올 수 있다.

배운 단어로 문장을 이해해요!

› many ~는 '많은 ~(들)'이라는 뜻으로, many 뒤에는 항상 두 개 이상의 다수를 나타내는 말이 와요.
예 many people 많은 사람들 many animals 많은 동물들
★ live in ~은 '~에 살다'라는 뜻으로, Many people live in ~은 '많은 사람들이 ~에 산다'라는 뜻이에요.
예 Many people live in the city. 많은 사람들이 도시에 살아.

A Read & Match

다음 그림에 맞게 색으로 된 알맞은 단어와 우리말 뜻을 연결하세요.

문장 듣기

1 Many people live in the city. — 소도시
2 Many people live in the world. — 나라
3 Many people live in the country. — 도시
4 Many people live in the town. — 세계
5 Many people live in the town. — 사람들

B Choose & Write

다음 우리말에 맞게 알맞은 단어를 골라 문장을 완성하세요.

1 많은 사람들이 소도시에 살아. [town] country
→ Many people live in the **town**.

2 많은 사람들이 세계에 살아. word [world]
→ Many people live in the **world**.

3 많은 사람들이 도시에 살아. [city] country
→ Many people live in the **city**.

C Write & Speak

다음 우리말에 맞게 카드를 배열한 후, 완성된 문장을 큰 소리로 읽으세요.

1 많은 사람들이 나라에 살아.
the country | . | many people | live in
→ Many people live in the country.

2 많은 사람들이 도시에 살아.
live in | many people | . | the city
→ Many people live in the city.

78쪽
79쪽

18

배운 단어를 확인해요!

★ **excited**
흥분한, 신이 난
worried 걱정하는
surprised 놀란
scared 두려워하는
★ **shocked**
충격을 받은

☆ -ed는 대부분 [드]로
발음하지만, excited처럼
-ed 앞이 t나 d로 끝나면
[이드]로, shocked처럼
-ed 앞이 [ㅋ] 소리로 끝나
면 [트]로 발음한다.

A
Read & Choose

다음 문장을 읽고, 색으로 된 단어에 맞는 우리말 뜻을 고르세요.

1 She was shocked. .... 두려워하는 / 충격을 받은

2 He was worried. .... 걱정하는 / 놀란

3 She was excited. .... 신이 난 / 충격을 받은

4 He was scared. .... 걱정하는 / 두려워하는

5 She was surprised. .... 놀란 / 신이 난

☆ we(우리들)나 they(그들) 같은 복수형이 주
어일 때 과거를 나타내는 동사는 were를 쓴다.

배운 단어로 문장을 이해해요!

★ ▷ She[He] was ~는 '그녀[그]는 ~였다'라는 뜻으로, was는 과거의 일을 나타낼 때 써요.
ex He is worried. 그는 걱정해. 〈현재〉 → He was worried. 그는 걱정했어. 〈과거〉
▷ He나 She는 사람을 나타내는 다른 단어로 바꿔 쓸 수 있어요.
ex I was shocked. 나는 충격 받았어.
My mom was surprised. 나의 엄마는 놀랐어.

B
Choose & Write

다음에서 알맞은 단어를 골라 우리말에 맞게 문장을 완성하세요.

| excited | worried | surprised | scared | shocked |

1 그는 두려웠어.
He was scared.

2 그녀는 충격을 받았어.
She was shocked.

3 그녀는 놀랐어.
She was surprised.

C
Write & Speak

다음 우리말에 맞게 카드를 배열한 후, 완성된 문장을 큰 소리로 읽으세요.

1 그는 걱정했어.
| was | worried | . | he |
→ He was worried.

2 그녀는 신이 났어.
| . | excited | she | was |
→ She was excited.

19

배운 단어를 확인해요!

musician
뮤지션, 음악가
comedian
코미디언, 희극배우
announcer
아나운서, 해설자
photographer
사진사
movie director
영화감독

☆ 단어 끝에 -ian, -er,
-or 등이 붙으면 '~하는 사
람, 직업'을 나타낸다.

A
Read & Write

다음 문장을 읽고, 색으로 된 단어에 맞는 우리말 뜻을 골라 쓰세요.

| 뮤지션 | 코미디언 | 아나운서 | 사진사 | 영화감독 |

1 My dream is to be an announcer. 내 꿈은 __아나운서__ 가 되는 거야.

2 My dream is to be a musician. 내 꿈은 __뮤지션__ 이 되는 거야.

3 My dream is to be a photographer. 내 꿈은 __사진사__ 가 되는 거야.

4 My dream is to be a comedian. 내 꿈은 __코미디언__ 이 되는 거야.

5 My dream is to be a movie director. 내 꿈은 __영화감독__ 이 되는 거야.

☆ My dream is to be a[an] ~
대신에 I want to be a[an] ~ 으로도
장래희망에 대해 말할 수 있다.

배운 단어로 문장을 이해해요!

▷ dream은 '꿈', be는 '~이 되다'라는 뜻으로, My dream is to be a[an] ~은 '내 꿈은 ~이 되는 거야'라는 뜻이에요. ★
장래희망에 대해 말할 때 쓰는 표현이에요.
A What is your dream? 네 꿈은 뭐니?
B My dream is to be a comedian. 내 꿈은 코미디언이 되는 거야.

B
Look & Write

다음 그림에 맞게 주어진 철자를 배열하여 문장을 완성하세요.

1 n a d i e m o c
→ My dream is to be a comedian.

2 m e v o i d t e r o i c r
→ My dream is to be a movie director.

3 n n n r e c a u o
→ My dream is to be an announcer.

C
Write & Speak

다음 카드를 이용하여 우리말에 맞게 문장을 완성한 후, 큰 소리로 읽으세요.

| to be | my dream is | a musician |
| my dream is | a photographer | to be |

1 내 꿈은 뮤지션이 되는 거야.
My dream is to be a musician.

2 내 꿈은 사진사가 되는 거야.
My dream is to be a photographer.

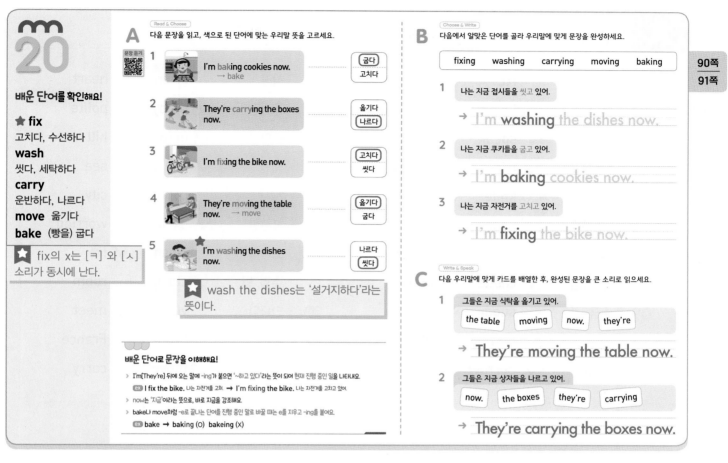

20

배운 단어를 확인해요!

★ **fix**
고치다, 수선하다
wash
씻다, 세탁하다
carry
운반하다, 나르다
move 옮기다
bake (빵을) 굽다

★ fix의 x는 [ㅋ] 와 [ㅅ]
소리가 동시에 난다.

A [Read & Choose]
다음 문장을 읽고, 색으로 된 단어에 맞는 우리말 뜻을 고르세요.

1 I'm baking cookies now.
→ bake
[굽다] [고치다]

2 They're carrying the boxes now.
[옮기다] [나르다]

3 I'm fixing the bike now.
[고치다] [씻다]

4 They're moving the table now. → move
[옮기다] [굽다]

5 I'm washing the dishes now.
[나르다] [씻다]

★ wash the dishes는 '설거지하다'라는 뜻이다.

배운 단어로 문장을 이해해요!

> I'm[They're] 뒤에 오는 말에 -ing가 붙으면 '~하고 있다'라는 뜻이 되어 현재 진행 중인 일을 나타내요.
  ex I fix the bike. 나는 자전거를 고쳐 → I'm fixing the bike. 나는 자전거를 고치고 있어
> now는 '지금'이라는 뜻으로, 바로 지금을 강조해요.
> bake나 move처럼 -e로 끝나는 단어를 진행 중인 말로 바꿀 때는 e를 지우고 -ing를 붙여요.
  ex bake → baking (O) bakeing (X)

B [Choose & Write]
다음에서 알맞은 단어를 골라 우리말에 맞게 문장을 완성하세요.

| fixing washing carrying moving baking |

90쪽 / 91쪽

1 나는 지금 접시들을 씻고 있어.
→ I'm **washing** the dishes now.

2 나는 지금 쿠키들을 굽고 있어.
→ I'm **baking** cookies now.

3 나는 지금 자전거를 고치고 있어.
→ I'm **fixing** the bike now.

C [Write & Speak]
다음 우리말에 맞게 카드를 배열한 후, 완성된 문장을 큰 소리로 읽으세요.

1 그들은 지금 식탁을 옮기고 있어.
[the table] [moving] [now.] [they're]
→ They're moving the table now.

2 그들은 지금 상자들을 나르고 있어.
[now.] [the boxes] [they're] [carrying]
→ They're carrying the boxes now.

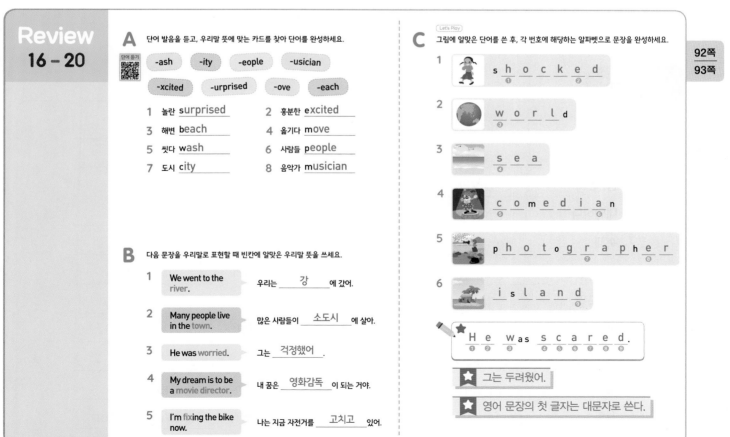

Review
16 - 20

A
단어 발음을 듣고, 우리말 뜻에 맞는 카드를 찾아 단어를 완성하세요.

[-ash] [-ity] [-eople] [-usician]
[-xcited] [-urprised] [-ove] [-each]

1 놀란 surprised
2 흥분한 excited
3 해변 beach
4 옮기다 move
5 씻다 wash
6 사람들 people
7 도시 city
8 음악가 musician

B
다음 문장을 우리말로 표현할 때 빈칸에 알맞은 우리말 뜻을 쓰세요.

1 We went to the river.
우리는 ___강___ 에 갔어.

2 Many people live in the town.
많은 사람들이 ___소도시___ 에 살아.

3 He was worried.
그는 ___걱정했어___ .

4 My dream is to be a movie director.
내 꿈은 ___영화감독___ 이 되는 거야.

5 I'm fixing the bike now.
나는 지금 자전거를 ___고치고___ 있어.

C [Let's Play]
그림에 알맞은 단어를 쓴 후, 각 번호에 해당하는 알파벳으로 문장을 완성하세요.

92쪽 / 93쪽

1 s h o c k e d
  ①   ②

2 w o r l d
      ③

3 s e a
  ④

4 c o m e d i a n
  ⑤   ⑥

5 p h o t o g r a p h e r
          ⑦   ⑧

6 i s l a n d
  ⑨

★ H e   w a s   s c a r e d .
  ① ②   ③   ④ ⑤ ⑥ ⑦ ⑧ ⑨

★ 그는 두려웠어.

★ 영어 문장의 첫 글자는 대문자로 쓴다.

실력 Test

A Step 1

01	미술	☐ P.E.	☑ art	12	심장	☐ brain	☑ heart
02	독일	☐ Spain	☑ Germany	13	준비된	☑ ready	☐ polite
03	말하다	☑ speak	☐ travel	14	들판	☑ field	☐ hill
04	여행	☑ trip	☐ holiday	15	해변	☑ beach	☐ sea
05	접시	☐ knife	☑ dish	16	도시	☐ country	☑ city
06	가난한	☑ poor	☐ slow	17	흥분한	☑ excited	☐ worried
07	역사	☐ Korean	☑ history	18	고치다	☐ wash	☑ fix
08	성, 궁궐	☑ castle	☐ street	19	수업, 반	☑ class	☐ room
09	소금	☐ sugar	☑ salt	20	만나다	☐ visit	☑ meet
10	시험	☐ quiz	☑ test	21	불어	☑ French	☐ France
11	빌리다	☑ borrow	☐ use	22	옮기다	☑ move	☐ carry

A Step 2

23	사막	desert	34	호수	lake
24	주의 깊은	careful	35	퀴즈	quiz
25	몸, 신체	body	36	두려워하는	scared
26	대답하다	answer	37	함께하다	join
27	숙제	homework	38	(빵을) 굽다	bake
28	소스, 양념	sauce	39	이탈리아어	Italian
29	왕, 국왕	king	40	포크	fork
30	목걸이	necklace	41	강한, 힘센	strong
31	코미디언	comedian	42	착용하다	wear
32	방학	vacation	43	젓가락	chopsticks
33	사회	social studies	44	영화감독	movie director

01	fast	☐ 느린	☑ 빠른		12	forest	☐ 산	☑ 숲	
02	island	☐ 궁	☑ 섬		13	skin	☑ 피부	☐ 심장	
03	town	☑ 소도시	☐ 도시		14	people	☐ 동물들	☑ 사람들	
04	bone	☐ 피	☑ 뼈		15	pepper	☑ 후추	☐ 기름	
05	weak	☑ 약한	☐ 강한		16	sea	☑ 바다	☐ 강	
06	knife	☑ 칼	☐ 숟가락		17	Spain	☑ 스페인	☐ 스페인의	
07	the U.K.	☐ 미국	☑ 영국		18	call	☐ 만나다	☑ 전화하다	
08	queen	☐ 왕	☑ 여왕		19	travel	☑ 여행하다	☐ 놀다	
09	ring	☑ 반지	☐ 팔찌		20	music	☐ 미술	☑ 음악	
10	Italy	☑ 이탈리아	☐ 이탈리아어		21	German	☐ 독일	☑ 독일의	
11	world	☐ 지구	☑ 세계		22	slow	☑ 느린	☐ 가난한	

95쪽

23	holiday	휴일, 명절	34	concert	공연, 연주회
24	princess	공주	35	shocked	충격을 받은
25	live	살다, 생활하다	36	oil	기름, 식용유
26	visit	방문하다	37	earring	귀걸이
27	surprised	놀란	38	wash	씻다, 세탁하다
28	ocean	바다, 대양	39	worried	걱정하는
29	mountain	산	40	polite	공손한, 예의 바른
30	country	나라, 국가	41	ask	묻다, 질문하다
31	use	사용하다	42	announcer	아나운서, 해설자
32	try on	(한번) 입어보다	43	patient	참을성[인내심]이 있는
33	photographer	사진사	44	presentation	발표

95쪽

96쪽

01 너는 스페인어를 말할 수 있니? ▶ Can you speak ___Spanish___ ?

02 그는 허리띠를 차고 있어. ▶ He is wearing a ___belt___ .

03 제가 당신의 연필을 빌려도 될까요? ▶ May I ___borrow___ your pencil?

04 달걀은 너의 두뇌에 좋아. ▶ Eggs are good for your ___brain___ .

05 우리는 그곳에서 언덕을 볼 수 있어. ▶ We can see a ___hill___ there.

06 그들은 지금 상자들을 나르고 있어. ▶ They're ___carry___ ing the boxes now.

07 내 꿈은 뮤지션이 되는 거야. ▶ My dream is to be a ___musician___ .

08 많은 사람들이 도시에 살아. ▶ Many people live in the ___city___ .

09 나는 프랑스를 여행할 예정이야. ▶ I'm going to travel to ___France___ .

10 성 안에 왕자가 있어. ▶ There is a ___prince___ in the castle.

96쪽

11 Do you like P.E. class? ▶ 너는 ___체육___ 수업을 좋아하니?

12 How was the movie? ▶ 그 ___영화___ 는 어땠니?

13 A spoon is on the table. ▶ ___숟가락___ 이 식탁 위에 있어.

14 Is the man rich? ▶ 그 남자는 ___부유하니___ ?

15 I'll help Sam tonight. ▶ 나는 오늘밤 샘을 ___도울___ 거야.

16 Add some sugar. ▶ 약간의 ___설탕___ 을 넣어라.

17 I have a question. ▶ 나는 ___질문___ 이 있어.

18 Be quiet! ▶ ___조용히___ 해!

19 We went to the river. ▶ 우리는 ___강___ 에 갔어.

20 He was scared. ▶ 그는 ___두려웠어___ .

완자

공부력

빠른 정답

초등 영어 영단어 **5B**

빠른 정답을 펼쳐 놓고,
정답을 확인하면 편리합니다.

정답
QR 코드

14

64쪽
A 1 - Be patient!-참을성이 있는 2 - Be careful!-조심스러운 3 - Be ready!-준비된 4 - Be quiet!-조용한 5 - Be polite!-공손한

65쪽
B 1 patient 2 polite 3 quiet C 1 Be careful! 2 Be ready!

15

68쪽
A 1 숲 2 나무 3 언덕 4 들판 5 산

69쪽
B 1 (f)orest 2 (f)ield 3 (d)esert C 1 We can see a hill there. 2 We can see a mountain there.

R 11-15

70쪽
A 1 (h)omework 2 (p)olite 3 (s)kin 4 (q)uiet 5 (h)eart 6 (r)eady 7 (f)ield 8 (b)orrow
B 1 질문 2 빼다 3 사용하다 4 숲 5 인내심을 가(지다)

71쪽
C 1 (b)o(d)y 2 (d)eser(t) 3 (ca)reful 4 (a)sk 5 (a)nswer 6 (b)rain 7 (t)est 8 (h)ill

16

74쪽
A 1 – We went to the ocean.-대양 2 – We went to the lake.-호수 3 – We went to the island.-섬 4 – We went to the beach.-해변 5 – We went to the river.-강 6 – We went to the sea.-바다

75쪽
B 1 beach 2 river 3 sea C 1 We went to the lake. 2 We went to the island.

17

78쪽
A 1 – Many people live in the town.-사람들 2 – Many people live in the town.-도시 3 – Many people live in the city.-도시 4 – Many people live in the country.-나라 5 – Many people live in the world.- 세계

79쪽
B 1 town 2 world 3 city C 1 Many people live in the country. 2 Many people live in the city.

18

82쪽
A 1 충격을 받은 2 걱정하는 3 신이 난 4 두려워하는 5 놀란

83쪽
B 1 scared 2 shocked 3 surprised C 1 He was worried. 2 She was excited.

19

86쪽
A 1 아나운서 2 무용수 3 사회자 4 코미디언 5 영화감독

87쪽
B 1 (c)omedian 2 (m)ovie (d)irector 3 (ann)ouncer C 1 My dream is to be a musician. 2 My dream is to be a photographer.

20

90쪽
A 1 씻다 2 나르다 3 고치다 4 옮기다 5 굽다

91쪽
B 1 washing 2 baking 3 fixing C 1 They're moving the table now. 2 They're carrying the boxes now.

R 16-20

92쪽
A 1 (s)urprised 2 (e)xcited 3 (b)each 4 (m)ove 5 (w)ash 6 (p)eople 7 (c)ity 8 (m)usician
B 1 강 2 도시 3 걱정하다 4 영화감독 5 고치다

93쪽
C 1 (s)hocked 2 (w)orld 3 sea 4 co(m)edia(n) 5 (p)hot(o)grap(h)er 6 i(s)land [정답] He w(as) scared.

실력 Test A | 94쪽
01 art 02 Germany 03 speak 04 trip 05 dish 06 poor 07 history 08 castle 09 salt 10 test 11 borrow 12 heart 13 ready 14 field 15 beach 16 city 17 excited 18 fix 19 class 20 meet 21 French 22 move 23 desert 24 careful 25 body 26 answer 27 homework 28 sauce 29 king 30 necklace 31 comedian 32 vacation 33 social studies 34 lake 35 quiz 36 scared 37 join 38 bake 39 Italian 40 fork 41 strong 42 wear 43 chopsticks 44 movie director

실력 Test B | 95쪽
01 빠르다 02 섬 03 요리사 04 빼다 05 야단 06 꿈 07 얼음 08 야영 09 딸기 10 마법사이 11 시계 12 총 13 피부 14 사람들 15 호수 16 바다 17 스페인 18 잔잔하다 19 아름답다 20 동쪽 21 특별한 22 느리다 23 춤을 24 공손 25 깊다, 사용하다 26 받아들이다 27 통로 28 바쁘다, 대답 29 산 30 나르다, 나가 31 사용하다 32 (힘) 위에서다 33 사자자 34 쉽다, 약오르게 35 종기를 따르 36 기쁨, 사용을 37 가지다 38 씻다, 사회를 39 강하다가 40 응공하, 메이 파르 41 묻다, 원망이다 42 아니요, 해제사 43 찬물원인나바이이 있는 44 발톱

실력 Test C | 96쪽
01 Spanish 02 belt 03 borrow 04 brain 05 hill 06 carry 07 musician 08 city 09 France 10 prince 11 skin 12 영화 13 춤추다 14 무용수이 15 동쪽 16 동녘 17 왕관 18 조종이 19 강 20 두려웠어

01

8쪽 **A** 1 – Do you like history class?– 역사　2 – Do you like social studies class?– 사회　3 – Do you like art class?– 미술　4 – Do you like music class?– 음악　5 – Do you like P.E. class?– 체육

9쪽 **B** 1 history　2 music　3 art　**C** 1 Do you like P.E. class?　2 Do you like social studies class?

02

12쪽 **A** 1 도와주다　2 방문하다　3 전화하다　4 함께하다　5 만나다

13쪽 **B** 1 meet　2 help　3 join　**C** 1 I will call Sam tonight.　2 I will visit Sam tonight.

03

16쪽 **A** 1 이탈리아　2 스페인　3 프랑스　4 영국　5 독일

17쪽 **B** 1 (I)taly　2 (S)pain　3 (F)rance　**C** 1 I'm going to travel to the U.K.　2 I'm going to travel to Germany.

04

20쪽 **A** 1 스페인어　2 독일어　3 이탈리아어　4 불어　5 말하다

21쪽 **B** 1 German　2 French　3 Italian　**C** 1 Can you speak Spanish?　2 Can you speak English?

05

24쪽 **A** 1 – How was the movie?– 영화　2 – How was the concert?– 공연　3 – How was your vacation?– 방학　4 – How was your holiday?– 휴일　5 – How was your trip?– 여행

25쪽 **B** 1 trip　2 movie　3 holiday　**C** 1 How was your vacation?　2 How was the concert?

R 01-05

26쪽 **A** 1 (h)istory　2 (m)eet　3 (a)rt　4 (S)pain　5 (t)rip　6 (s)peak　7 (v)acation　8 (F)rance
B 1 체육　2 방문할　3 이탈리아어　4 휴일[명절]　5 영국

27쪽 **C** 1 (c)oncert　2 (G)erman　3 [가로] (m)ovie　3 [세로] (m)usic　4 (c)all　5 (S)panis(h)　6 (h)elp　7 (t)ravel

06

30쪽 **A** 1 칼　2 접시　3 숟가락　4 포크　5 젓가락

31쪽 **B** 1 dish　2 (s)poon　3 (Ch)opstick(s)　**C** 1 A fork is on the table.　2 A knife is on the table.

07

34쪽 **A** 1 – Is the man strong?– 힘센　2 – Is the man rich?– 부유한　3 – Is the man fast?– 빠른　4 – Is the man slow?– 느린　5 – Is the man weak?– 약한　6 – Is the man poor?– 가난한

35쪽 **B** 1 fast　2 poor　3 weak　**C** 1 Is the man rich?　2 Is the man slow?

08

38쪽 **A** 1 허리띠　2 목걸이　3 반지　4 귀걸이

39쪽 **B** 1 belt　2 ring　3 wear　**C** 1 She is wearing earrings.　2 She is wearing a necklace.

09

42쪽 **A** 1 – There is a king in the castle.– 왕　2 – There is a prince in the castle.– 왕자　3 – There is a king in the castle.– 성　4 – There is a princess in the castle.– 공주　5 – There is a queen in the castle.– 여왕

43쪽 **B** 1 prince　2 king　3 queen　**C** 1 There is a princess in the castle.　2 There is a prince in the castle.

10

46쪽 **A** 1 소금　2 식용유　3 후추　4 소스　5 설탕

47쪽 **B** 1 sauce　2 sugar　3 pepper　**C** 1 Add some salt.　2 Add some oil.

R 06-10

48쪽 **A** 1 (p)epper　2 (n)ecklace　3 (p)rince　4 (p)oor　5 (d)ish　6 (ch)opsticks　7 (q)ueen　8 (b)elt
B 1 설탕　2 반지　3 빠르니　4 칼　5 성[궁궐]

49쪽 **C** 1 king　2 stron(g)　3 rich　4 earr(i)n(g)　5 spoon　6 weak　[문장] Is th(e m)an s(l)ow(?)

11

52쪽 **A** 1 질문　2 퀴즈　3 시험　4 숙제　5 발표

53쪽 **B** 1 test　2 (qu)estion　3 (h)omework　**C** 1 I have a quiz today.　2 I have a presentation today.

12

56쪽 **A** 1 묻다　2 사용하다　3 빌리다　4 입어보다　5 대답하다

57쪽 **B** 1 use　2 borrow　3 try on　**C** 1 May I ask a question?　2 May I answer the question?

13

60쪽 **A** 1 뼈　2 몸　3 두뇌　4 피부　5 심장

61쪽 **B** 1 (b)rain　2 body　3 bone(s)　**C** 1 Lemons are good for your skin.　2 Tomatoes are good for your heart.